RUPERT MAYER
MEIN KREUZ WILL ICH TRAGEN

RUPERT MAYER

MEIN KREUZ
WILL ICH TRAGEN

Texte des Predigers
von St. Michael

SCHWABENVERLAG OSTFILDERN 1

Die Veröffentlichung der Texte erfolgt mit freundlicher Geneh-
migung von Herrn Pater Paolo Molinari, General-Postulator
der Gesellschaft Jesu, Rom.

Textauswahl: Paul Löcher

Umschlagbild: St.-Michaels-Kirche, München
(Foto: Groth-Schmachtenberger)

Einbandgestaltung: Stefan Herzog

ISBN 3 7966 0534 6
© 1978 Schwabenverlag, 7302 Ostfildern 1
Gesamtherstellung SV-Druck, Ostfildern 1

ZUM GELEIT

Von Joseph Kardinal Ratzinger

Pater Rupert Mayer gehört zu den markanten Priester-gestalten der ersten Hälfte unseres Jahrhunderts. Seine männliche Frömmigkeit und Gläubigkeit bleiben unver-gessen: Auch im Sterben ist er nicht umgefallen — er starb stehend, während er predigte; seine letzten Worte waren: Der Herr, der Herr ... So ist dieses Sterben Ausdruck seines aufrechten, auf den Herrn hin gerichteten Lebens geworden. Was die Menschen von heute an ihm besonders beeindruckt, ist zum einen sein rastloser Einsatz für die Mitmenschen, die täglich gelebte „Mitmenschlichkeit", die sich von Gott her für die Nöte des irdischen Alltags auf-wecken läßt; zum anderen seine unbeugsame Klarheit ge-genüber der nationalsozialistischen Gewaltherrschaft. So muß aber die Frage aufstehen: Aus welcher Wurzel kam dies alles? Wie dachte, wie glaubte ein Mann, der so zu sehen und so zu handeln vermochte?

Weil uns diese Fragen bewegen, ist die vorliegende Aus-gabe von Texten des Münchener Männerapostels besonders zu begrüßen. Vielleicht wird es bei ihrer Lektüre manchen ähnlich ergehen wie einst bei der Veröffentlichung der Tagebücher und Briefe von Papst Johannes XXIII. Da ist keine brillante Dialektik, keine subtile Analyse. Aber wir begegnen einem Menschen, der vollkommen durchdrungen ist von der ganzen Botschaft des Glaubens der Kirche. Er lebt darin mit einer ruhigen Sicherheit, aus der die Heiter-keit des Evangeliums und die Freude der Erlösung hervor-leuchten, selbst da noch, wo er von der Hölle spricht. Er sucht keine gelehrten Umwege, sondern legt den Glauben als Wirklichkeit vor und eben so überzeugt er. In diesem Glauben ist nichts von Furcht — auch nicht die Furcht, er möchte am Ende doch nicht wahr sein, die man heute lähmend hinter so manchen gewundenen religiösen Belehrungen spürt. Für ihn ist Gegenwart Gottes Gewißheit und darum Freiheit, Geborgenheit, aus der alles Weitere folgt und von der sich die Tapferkeit der Welt gegenüber wie die Getrostheit im Leid und die Bereitschaft zum Dienen am anderen von selbst ergeben. So haben diese einfachen Worte des großen Seelsorgers gerade heute ihr Gewicht und für den, der sie unbefangen aufnimmt, ihre befreiende Kraft.

Mein Wunsch ist es, daß die männliche Stimme von Pater Rupert Mayer aus diesem Buch von neuem zu den Menschen sprechen und wie in der Kriegs- und Zwischenkriegszeit wieder vielen die Freude eines unbeirrbaren und furchtlosen Glaubens schenken möge.

München, Aschermittwoch 1978

† Joseph Card. Ratzinger

PATER RUPERT MAYER
IN SELBSTZEUGNISSEN

Von Paul Löcher

Durch Gefängnisse und Konzentrationslager führte der Lebens- und Leidensweg des Münchener Männerseelsorgers Pater Rupert Mayer SJ (1876—1945). Die Stationen dieses Weges sind in mehreren biographischen und dokumentarischen Publikationen aufgezeichnet (siehe Anhang). Das vorliegende Buch verfolgt nicht die Absicht, Leben und Wirken dieser großen Priestergestalt unserer jüngsten Vergangenheit neu zu deuten; es will vielmehr in Selbstzeugnissen belegen, aus welchen Quellen des Glaubens und der Frömmigkeit Pater Rupert Mayer die Kraft schöpfte für seinen mutigen Kampf gegen die Irrlehren unseres Jahrhunderts, für seinen aufopfernden Dienst am Nächsten und seine nie erlahmende Sorge um die Seelen der ihm Anvertrauten.

Das schriftliche Erbe von Pater Rupert Mayer ist nicht allzu groß. Von den ungezählten Predigten, die er in St. Michael zu München und in vielen anderen Kirchen der Stadt und auf dem Lande hielt, ist nur wenig erhalten. Das umfangreichste Dokument, das er hinterlassen hat, sind die Erinnerungen »Der Nationalsozialismus und meine Wenigkeit«; er schrieb sie auf Wunsch seiner Ordensoberen im Kloster Ettal nieder, wohin er von 1940 bis 1945 verbannt war. Daneben existieren einige Betrachtungstexte für die »Schwestern von der Heiligen Familie«, deren Spiritual Pater Mayer war, sowie eine größere Anzahl von Briefen.

Bei der Durchsicht dieses Materials zeigt sich, daß Pater Rupert Mayer keineswegs ein brillanter Stilist war. Seine Sprache ist eher spröde, sachlich, belehrend. Weder in seinen Predigten noch in seinen Briefen ist er auf ausgesprochene rhetorische Raffinessen oder Effekte bedacht. Man wird den Biographen glauben dürfen, wenn sie berichten, die eigentliche Wirkung des Predigers Rupert Mayer habe darin bestanden, daß man spürte, wie in diesem Mann das, was er sagte, und das, was er war, eine Einheit bildete. Die Überzeugungskraft seines Wortes, das Tausende in seinen Bann zog und in ihrem Glauben und Widerstandswillen bestärkte, beruhte nicht auf schönfärberischem Wortgeklingel, sondern war Ausfluß der Persönlichkeit eines Predigers und Seelsorgers, der sich vorbehaltlos der Wahrheit verpflichtet fühlte und sie — getreu dem Pauluswort — »ob gelegen oder ungelegen« mutig verkündete.

Solcher Bekennermut, der willig auch das Kreuz der Verfolgung, Gefangenschaft und Verbannung auf sich nahm, klingt in vielen der hier vorgelegten Texte auf. Daneben aber gibt es die leisen Töne, die stillen Worte der Liebe und Ermunterung, des Trostes und des Gebetes, des Gottvertrauens und der gläubigen Hoffnung. Sie führen hin zum Urgrund seines Wesens und bezeugen, wie undenkbar die mannhafte Bekennergestalt eines Pater Rupert Mayer wäre ohne das solide Fundament einer radikalen Gläubigkeit und einer innigen, ja in ihren Ausdrucksformen bisweilen geradezu kindlichen Frömmigkeit.

Wie sein persönliches Glaubensleben von dem Bemühen um eine vorbehaltlose Verwirklichung der Lehre Christi geprägt ist, so folgt Pater Rupert Mayer auch in seiner priesterlichen Tätigkeit ganz dem Gebot des Herrn. Apostolischer Eifer kennzeichnet viele seiner Äußerungen. Die Sorge um das Reich Gottes spricht aus jeder Zeile. Seelen für Christus zu gewinnen, sieht er als die große Aufgabe seines Lebens an. Um die Seelen der Menschen ringt er förmlich — sei es in den großen Predigten vor Tausenden von Zuhörern, sei es in den Betrachtungen und Ratschlägen für seine Ordensschwestern oder im Brief an einen, der sich hilfesuchend an ihn wendet. Und Pater Rupert Mayer verfügt über eine einzigartige Gabe, sich jeweils in den Mitmenschen hineinzudenken, sich ganz auf ihn einzustellen, ihn genau dort zu treffen, wo es nötig ist. Christliche Nächstenliebe in ihrer unabdingbaren, von Gott gebotenen Form ist die Triebfeder seiner unermüdlichen seelsorgerlichen und karitativen Arbeit. Von all dem legen die Texte dieses Buches, die teilweise bisher noch unveröffentlicht waren, beredtes Zeugnis ab.

Gleichwohl wäre diese Sammlung authentischer Selbstzeugnisse des bedeutenden Jesuiten nicht gerechtfertigt, wollte sie allein eine Ergänzung vorhandener Biographien sein. Die grundsätzlichen Aussagen Pater Rupert Mayers sind von zeitloser Aktualität, weil sie aus den Urquellen unseres unveränderlichen Glaubens fließen. Zu diesen Quellen zurückzuführen, den Menschen einer späteren Generation sichtbar zu machen, wie sich unverfälschter Glaube in einer glaubenslosen Umwelt bewährt, Anstöße zur Selbstbesinnung auch in dieser unserer Zeit zu geben, in der so viele meinen, Christentum könne man auch bequemer und billiger haben, als es Gott und die Kirche bisher verkündeten — das ist die Absicht dieses Buches.

Wenn es darüber hinaus geeignet wäre, mit den Selbstzeugnissen des Münchener Männerapostels deutlich zu machen, welcher Opferbereitschaft und Selbsthingabe eine erfolgversprechende Seelsorge bedarf, hätte es einen weiteren Zweck erfüllt.

DIE TEXTE

MEIN KREUZ WILL ICH TRAGEN

So will ich das Kreuz weiter tragen und büßen und sühnen für meine eigenen Fehler und Schwächen, bis der liebe Gott durch sein Eingreifen dieses Kreuz wieder abnimmt. Auch für die kommende Zeit soll mein Losungswort heißen: Näher, mein Gott, zu dir! Für alle verblendeten Menschen aber, die nicht wußten, was sie tun, und es auch heute nicht wissen, für unser so furchtbar heimgesuchtes Volk, für alle in meinem langen Priesterleben mir anvertrauten Seelen und besonders für alle, die mir durch Gebet und persönliche, zum Teil außergewöhnliche Opfer geholfen haben, das schwere Kreuz zu tragen, will ich durch tägliche gewissenhafte Arbeit, durch Leiden und Beten das Meine dazu beitragen, daß wir uns einmal wiedersehen und in der Anschauung und dem Besitz Gottes uns einmal ewig freuen können. Das gebe Gott!

Schlußwort des Berichtes »Der Nationalsozialismus und meine Wenigkeit«, von P. Rupert Mayer während seines Zwangsaufenthaltes im Kloster Ettal (1940—1945) geschrieben.

11

IN GOTT GEBORGEN

Von der Gegenwart Gottes

Schon auf die Kinder macht es einen großen Eindruck, wenn man ihnen das erstemal erzählt, daß der liebe Gott uns immer sieht und hört. Manch ein Gesichtlein wird rot, wenn es an die Unarten denkt, die die Mutter nicht weiß, aber nun der liebe Gott kennt.

Uns geht es nicht anders, wenn wir uns der Gegenwart Gottes bewußt sind. Wir werden in diesem Bewußtsein im Guten wachsen. Wir werden lernen, in der rechten Einstellung zu arbeiten, nämlich alles so gut und schön zu machen, wie wir nur können. Gott zulieb, wenn auch kein Mensch unsere Arbeit wahrnimmt. Es ist doch immer so: Wenn uns eine höhere Persönlichkeit bei der Arbeit zuschaut, nehmen wir uns ganz besonders zusammen und machen alles so tadellos, wie wir nur können. Wenn wir nun vom Bewußtsein durchdrungen sind, daß wir für den lieben Gott, für den Liebenswürdigsten, den Höchsten, arbeiten, da wird unsere Arbeit gut.

Eine weitere Folge des Gedenkens an Gott, der jeden Augenblick um mich besorgt ist, ist es, daß wir frei werden von jeder Angst und Furcht. Ja, wir werden mutig, wenn wir uns in Gottes Hand geborgen wissen, was immer uns auch treffen mag. Es gibt keine Macht auf Erden, die uns ohne

die Zulassung Gottes etwas anhaben könnte ...
Gott läßt uns nie zappeln. Er läßt nur Prüfungen
zu, die uns zum Nutzen gereichen, wenn wir an
seiner Hand hindurchgehen. Er sorgt für uns weit
besser, als Menschen es vermögen.

Wir brauchen uns nicht zu ängstigen

Wie die Erfahrung lehrt, sind die meisten Menschen, auch wenn sie gläubig und religiös sind,
fassungslos, ja verlieren völlig den Kopf, wenn
ein großes, schweres Leid, ein größeres Unglück
ganz plötzlich und unvorhergesehen über sie oder
ihre Angehörigen oder ihre Umgebung herein-
bricht. Sie überlassen sich gänzlich ihrem Schmerz,
jammern und klagen, daß es Steine erweichen
könnte, oder sie sind starr vor Schrecken und
stieren wie versteinert und geistesabwesend in das
Leere, unzugänglich jedem Trostwort. Nur ver-
hältnismäßig wenige sind es, die vom ersten
Augenblick an in der Lage sind, vom religiösen
Standpunkt aus alles zu betrachten.

Ähnlich ist das Verhalten der meisten Menschen, wenn eine schwere Heimsuchung droht.
Sie werden unruhig, aufgeregt, nervös, es treibt
sie um und um, hierhin und dorthin, sie können
nimmer recht schlafen, kurzum, der Gedanke an

das vielleicht Kommende, Schreckliche, läßt sie nicht mehr los, sehr zum Schaden ihrer Gesundheit, ihrer Arbeitskraft und des Gemeinschaftslebens.

Wohl weiß ich, daß viel von dem, was ich eben ausgeführt habe, mit einem schwachen Nervensystem zusammenhängt, unter dem gerade in heutiger Zeit viele Menschen leiden, aber es scheint mir unter allen Umständen wichtig, ja dringend notwendig, wenn wir uns alle an einige religiöse Grundsätze erinnern, die da in Betracht kommen; ja es genügt nicht, sich nur daran zu erinnern, sondern wir sollten dieselben durchdenken, durchleben, sie in unser Innerstes aufnehmen, sie uns einhämmern und dieselben so zur zweiten Natur zu machen suchen, damit die religiösen Grundsätze uns zum Bewußtsein kommen und uns in den Stand setzen, danach zu handeln. Die drei Sätze lauten: Gott weiß alles, Gott kann alles, Gott liebt uns.

Gott weiß alles

Schon die christliche Philosophie lehrt uns übereinstimmend und einleuchtend, daß Gott als das unendlich vollkommene Wesen alles weiß, ja alles wissen muß: das Vergangene, das Gegenwärtige und das Zukünftige, und zwar sieht das alles der unendliche Gott in einer Schau, in einemmal, alles zugleich. Bewundernd und staunend stehen wir vor Gottes Majestät.

Was die Philosophie uns lehrt, das sagt uns in schlichten, einfachen Worten der Gott-Mensch Jesus Christus: so beim hl. Lukas 12, 6: »Kauft man nicht fünf Sperlinge um zwei Pfennige, und doch ist nicht einer vergessen von ihnen vor Gott?« und bei Matth. 10, 29: »Kauft man nicht zwei Sperlinge um einen Pfennig, und doch fällt nicht einer von ihnen zur Erde ohne den Willen eures Vaters?« Also Gott, unser Vater, kennt selbst jeden Sperling, kümmert sich um ihn und sorgt für ihn und weiß genau, wenn einer abgeht. Und doch, was gibt es Wohlfeileres, Minderwertigeres als so einen Sperling auf dem Dach? Wenn also Gott jeden Sperling kennt, um wieviel mehr weiß Gott um uns Menschenkinder, die wir doch himmelhoch uns erheben über die ganze sichtbare Schöpfung: als Menschen, als mit Geist begabte Wesen, die unsterbliche Seelen haben, die nicht sterben werden, auch wenn die ganze sichtbare Welt einmal zugrunde gehen wird! Und wir sind als geistige Wesen nicht nur Ebenbilder Gottes, sondern wir sind zur Kindschaft Gottes erhoben worden, wir heißen nicht bloß Kinder Gottes, sondern wir sind es nach den ausdrücklichen Worten der Hl. Schrift.

Wenn nun Gott das Schicksal jedes Sperlings kennt — er sollte uns, seine Kinder, nicht kennen? Das ist unmöglich. Unser himmlischer Vater weiß um jedes einzelne von uns. Unser Vater im Himmel kennt unsere inneren und äußeren Lebensverhältnisse besser und genauer, als wir dieselben kennen; er steht nach den Worten des hl. Augustinus unserem Innersten näher als wir selber. Um uns in dieser Überzeugung zu bestärken, darf ich noch auf ein anderes Wort des Heilandes hinweisen. Er hat nach Matth. 10, 30 gesagt: »Bei euch aber sind alle Haare eures Hauptes gezählt« und nach Luk. 12, 7: »Sogar die Haare eures Hauptes sind alle gezählt.«

Kann man noch mehr verlangen? Auch die liebevollste, zärtlichste Mutter, die für alles, was ihr Kind betrifft, und wäre es das Kleinste und Unscheinbarste, das größte Interesse aufbringt und ihr Kind durch und durch zu kennen glaubt, müßte da versagen. Aber unser himmlischer Vater weiß gar alles. Nichts, gar nichts kann vor ihm verborgen bleiben. Bei ihm gibt es kein Vergessen, nichts kann von ihm übersehen werden. Nichts kann mich »zufällig« treffen: kein Unglück, keine Heimsuchung, kein Leid, keine Widerwärtigkeit, keine Krankheit ohne das Wissen und den Willen Gottes. Welch ungeheure Beruhigung liegt in dieser Überzeugung.

Unsere Vorfahren, die alten Germanen, glaubten, die Menschen seien einem blinden Schicksal ausgeliefert, dem sie, ohne sich dagegen wehren zu können, anheimfallen würden. Diese Auffassung lastete schwer auf den germanischen Völkern. Wie befreiend wirkte da der christliche Gottesglaube mit der beglückenden Lehre vom Vater im Himmel, der an alle denkt und sie mit väterlicher Sorge umgibt. Dieser christliche Gottesglaube ist und bleibt auch für uns das unerschütterliche Fundament unseres ganzen Lebens.

Aber, kann man sagen: Wenn Gott alles weiß, wenn er also weiß, daß mir dieses oder jenes Unheil droht, warum hilft er dann nicht? Kann er etwa nicht helfen? O ja! Denn:

Gott kann alles

Gott kann alles lenken und leiten nach seinem Willen, denn Gott ist allmächtig. Die Astronomie kennt ungefähr 30 Millionen Milchstraßensysteme, die es im Weltall gibt. Uns genügt schon eine Milchstraße, um uns einen Begriff von Gottes Schöpfermacht zu geben, denn wenn wir durch ein Fernrohr sehen, enthüllt sich unserem Blick ein solches Gewimmel von Gestirnen, daß wir voll Ehrfurcht und Staunen ausrufen müssen: »O großer, allmächtiger Gott! Ich bete dich an und grüße dich als den allmächtigen Schöpfer des Himmels und der Erde.« Nun rechnet die Astronomie mit 30 Millionen solcher Milchstraßen!

Die Astronomie lehrt, daß sich das Weltall über 400 Millionen Lichtjahre erstreckt. Wie viele Kilometer sind das? Das Licht legt in einer Sekunde 300 000 Kilometer zurück, in einem Jahr legt das Licht eine Strecke von $9\frac{1}{2}$ Billionen Kilometer zurück — 1000 Millionen sind gleich 1 Milliarde, und 1000 Milliarden sind gleich 1 Billion, in 400 Millionen Lichtjahren legt das Licht $9\frac{1}{2}$ Billionen mal 400 Millionen Kilometer zurück, so weit erstreckt sich ungefähr der Weltenraum.

Sie sagen: Da komme ich nicht mehr mit, das kann ich mir nicht vorstellen, mich packt ein Schwindel, wenn ich an diese Entfernungen denke! Trösten Sie sich nur, mir geht es genau so. Aber es kommt noch besser: In diesem ungeheuerlichen Weltenraum tummeln sich etwa 45 000 Billionen Sonnenmassen herum, ohne daß es zu Zusammenstößen kommt. Jeder Stern geht die ihm zugewiesene Bahn. Wenn der Astronom ein Stückchen einer Sternbahn kennt, dann kann er berechnen, wo der Stern nach einer bestimmten Zeit zu finden ist.

Das alles geht unendlich weit über alles Menschliche hinaus. Für Gott aber ist es soviel wie ein Nichts. So ist es, wie es in den Psalmen heißt: »Er sprach, und es ward; er befahl, und es geschah.« Dämmert es dir jetzt ein wenig, was es heißt, wenn man sagt: Gott ist allmächtig!

Ja, Gott kann alles! In der Gottesmutter schuf der Allmächtige ein Menschenkind, das Jungfrau und Mutter zugleich war. Nach dem Lauf der Natur ist das etwas Unmögliches. Der Engel gibt die Lösung: Bei Gott ist kein Ding unmöglich. Und wie oft hat der göttliche Heiland gezeigt, daß er die Natur beherrscht. Ohne die geringste Anstrengung hat er die größten Wunder gewirkt: Aussätzige, Lahme, Blinde, Taubstumme augenblicklich geheilt, selbst Tote durch ein einfaches Wort wieder zum Leben erweckt. Er hat also bewiesen, daß er alles kann.

Gilt das nicht auch für unsere Zeit? Die weltbekannten Wallfahrtsorte sprechen klar und deutlich von außergewöhnlichen Gebetserhörungen, die natürlicherweise nicht erklärt werden können. Und wie viele Beispiele auffallender Hilfe in bitterster Todesnot haben zahllose Menschen im Weltkrieg und bei den Städte-Bombardierungen erlebt! Ist das alles zu verwundern? Nein! Denn Gott kann alles.

Wenn aber dem so ist, dann mögen feindliche Mächte und Gewalten — mögen sie heißen, wie sie wollen — in beliebiger Zahl gegen uns anstürmen und uns bedrohen, sie mögen gegen uns wüten und toben: Ohne Gottes Zulassung können sie uns nichts schaden, denn er ist unendlich mächtiger als alle Widersacher der ganzen Welt zusammen. Wie wirkt doch das auf uns so beruhigend und ermutigend! Wer unter dem Schutz eines viel vermögenden, durch und durch gut gesinnten Menschen steht, ist zu beglückwünschen. Und doch, was bedeutet das gegenüber dem Bewußtsein, unter dem allmächtigen Schutz Gottes zu stehen? Soviel wie ein Nichts! Und der große, ewige, starke Gott steht uns nicht etwa fremd und teilnahmslos gegenüber, sondern im Gegenteil: Er liebt uns, und zwar viel mehr, als uns irgendein Mensch lieben kann.

Gott liebt uns

Ist es nötig, das erst zu beweisen? Wir haben uns schon daran erinnert, daß Gott unser Vater ist und daß wir in aller Wahrheit seine Kinder sind. Gibt es in normalen Verhältnissen einen Vater, der seine Kinder nicht liebt? Nein, das wird nicht leicht vorkommen. Nun suchen wir uns aber in einer Stadt die zehn tüchtigsten, besten Väter aus und häufen alle Vaterliebe, die wir in den zehn Vätern vorfinden, auf einen einzigen Vater; nehmen wir in einem Land die hundert besten Väter, und was wir an edler Vaterliebe in den hundert finden, das häufen wir auf einen einzigen, und so können wir noch lange weitermachen; aber alle diese zusammengetragene Vaterliebe ist nur ein schwaches Abbild der Liebe, die im Herzen des himmlischen Vaters uns, seinen Kindern, entgegenschlägt. Aber beachten Sie wohl, das ist keine Phantasie, sondern die reine, lautere Wirklichkeit. Wenn wir das ruhig auf uns wirken lassen, wenn wir darangehen, das durchzukosten und zu erleben, dann werden wir ob solcher Liebe des himmlischen Vaters aufs tiefste erschüttert und vielleicht zu Tränen gerührt werden. Dann können wir wohl auch das bekannte Wort der Hl. Schrift richtig begreifen: »So sehr hat Gott die Welt geliebt, daß er seinen eingeborenen Sohn dahingab.«

Der göttliche Heiland liebt uns. Mit Beziehung auf das Leiden und Sterben des Herrn hat der Apostel Paulus gesagt: »Er hat mich geliebt und sich für mich hingegeben.« Das gilt genau so auch für mich. Wie empfänglich sind wir für die Aufmerksamkeiten und Gefälligkeiten der Menschen! Und das ist ja gut. Aber wenn ich mir das vergegenwärtige, was Christus für mich getan, durchgemacht und gelitten hat, wie müßte ich da tief ergriffen werden von der alles Maß übersteigenden Liebe zu mir. Daß der Heiland mich liebt, das sagt mir sein heiliges Leiden und Sterben.

Also Gott liebt uns. Aber wenn Gott uns liebt und wenn er unsere Bedrängnis sieht und die Macht hat, uns ohne Schwierigkeiten davon zu befreien, warum läßt er dann mitunter so lange auf Hilfe warten, warum versagt er uns manchmal überhaupt seinen Beistand, warum müssen wir immer einmal wieder mit der Möglichkeit rechnen, daß uns ein großes Leid, ein großer Schaden, ein großes Unheil trifft?

Gerade weil Gott uns liebt und weil er weiß, was uns zum Heil und Segen gereicht, darum läßt er Prüfungen und Heimsuchungen über uns kommen. Die Menschen meinen, das sei das richtige, wahrhaft beglückende Leben, wenn man keinen Kummer, keine Sorgen, keine Versuchungen habe, wenn alles gesund und wohlauf sei, wenn man bei der Arbeit Erfolg habe und Anerkennung finde, kurz und gut, wenn sich das ganze Leben in jeder Beziehung glatt abwickle. Aber das ist ein großer, großer Irrtum. Nicht darin besteht unsere Lebensaufgabe, daß die Menschen sorgenfrei dahinleben wie die Vögel im Hanfsamen, sondern sie besteht vielmehr darin, Gott zu dienen, seinen heiligen Willen zu tun und so unser ewiges Ziel zu erreichen.

Ein Hauptmittel zur Erfüllung dieser Lebensaufgabe ist aber das Kreuz und Leid. Wie leicht kommt ein Mensch, der lebt wie »Hans im Glück«, von Gott, vom Religiösen ab, wie nahe liegt die Gefahr, daß er völlig im weltlichen, irdischen Treiben aufgeht, daß er sich im Zeitlichen verliert! Wie manchmal bringt den Menschen ein schweres Kreuz wieder zur Besinnung und führt ihn zu Gott zurück! Und wie könnte sich der Mensch im Dienste Gottes, in Ergebung in Gottes heiligen Willen, in den Tugenden, in der Geduld, in der Reinheit, im Glauben, in der Hoffnung, in der Liebe usw. bewähren, wie könnte er sich den Himmel verdienen, wenn er nicht dann und wann im Leben schweren Prüfungen und Heimsuchungen ausgesetzt wäre? Wie könnte man von einer wirklichen Nachfolge Christi sprechen, wenn wir uns weigern wollten, das Kreuz auf uns zu nehmen, das Gott der Herr uns auferlegt?!

Aber werde ich unter dem Kreuz nicht zusammenbrechen, fragst du, vielleicht schüchtern, werde ich es tragen können? Wenn du das Deine tust, antworte ich darauf mit einem glatten: Ja! Denn der allweise Gott bürgt uns dafür, daß das Kreuz, das deine Schultern drückt, nicht schwerer und nicht größer ist, als es für dich paßt, und Gott der Allmächtige hilft dir beim Tragen, wenn du mit kindlichem Vertrauen dich an ihn wendest. Gott kann alles, er kann auch das.

Also, wenn uns ein schweres Unheil droht, keine Angst, keine Aufregung, keine Furcht! Denn ohne Gottes Wissen und ohne Gottes Zulassung wird uns nicht das Geringste passieren; ohne Gottes Wissen und Willen kann uns kein Haar gekrümmt werden, auch wenn sonst die ganze Welt in Trümmer ginge! Selbstverständlich dürfen wir Gott nicht herausfordern, indem wir gegen die Forderungen des gesunden Menschenverstandes die notwendigen Vorsichtsmaßregeln außer acht lassen.

Wenn uns ein Unglück zustoßen sollte, so wissen wir ganz sicher, daß es kein blinder Zufall ist, sondern daß Gott der Herr dahintersteht, daß er es ist, der das Unglück zuläßt oder es schickt, und zwar weil er uns liebt und darum nur unser Bestes im Auge haben kann. Zwar können das in den ersten Augenblicken eines Unglücks die wenigsten Menschen verstehen, vielleicht können wir so etwas Jahre und Jahrzehnte lang nicht begreifen — obgleich uns manches in dieser Beziehung im Laufe der Zeit klarer wird —, sicher aber werden wir es in der Ewigkeit einsehen, warum so manches Unheil uns getroffen hat und daß es zum größten Segen wurde. Wir werden dann unserem himmlischen Vater dafür nicht genug danken können.

Wenn wir die in den drei Punkten vorgelegte Betrachtung zusammenfassen, so können wir nur immer wiederholen: Wie tröstlich ist das alles und wie gut wir doch daran sind! Wir brauchen uns nicht zu ängstigen mit Gedanken wie: Was wird die kommende Nacht uns bringen? Werden wir mit gesunden Gliedern am nächsten Morgen aufwachen? Wie wird sich alles in den kommenden Wochen und Monaten entwickeln? Diese zermürbenden Sorgen lehnen wir rundweg ab. Wir werfen uns, mit unerschütterlichem Vertrauen auf Gottes Macht, Güte und Erbarmen bauend, rückhaltlos und restlos in seine starken und schützenden Vaterarme mit dem Stoßgebet: »Du allein weißt ja, was mir zum Segen und zum Frieden dient für Zeit und Ewigkeit, darum mach' mit mir, was dir gefällt.« Ich halt' still, wie Gott will!

Gott ist gütig

Je rückhaltloser wir uns Gott zum Opfer bringen, um so besser für uns. Und das wird der liebe Gott uns auch einmal zu erkennen geben. Ich kann hier aus Erfahrung sprechen. Glauben Sie es mir: Gott der Herr ist so unaussprechlich gütig und nachsichtig, daß wir es uns nicht vorzustellen vermögen.

Er kennt uns

»Ich kenne die Meinen.«

Da stellen wir uns den lieben Heiland als guten Hirten vor. Ja, der gute Hirte, der kennt seine Schäflein alle ganz genau. Jedes kennt er: Wenn eines was Wehes am Bein hat, dann weiß er ganz genau, daß das bei dem Schäflein nichts zu bedeuten hat; dagegen bei einem anderen, da ist die gleiche Sache nicht so einfach zu nehmen. So kennt er sie alle, jedes in seiner Eigenart.

Und so kennt der liebe Heiland auch uns, kennt uns bis in den letzten Herzenswinkel hinein. Das ist sehr ernst: Vor dem lieben Gott gibt es keine Verstellung, da können wir nichts verbergen. Menschen können wir täuschen, vor ihnen können wir verbergen, was in uns vorgeht; aber bei Gott geht das nicht. Er kennt uns genau, wie wir sind, mit allen unseren Fehlern und Schwachheiten. Es kommt so oft vor, daß man von den Menschen verkannt wird, sie verstehen uns nicht, mißverstehen uns. Aber der Heiland kennt uns, er weiß, wie das oder jenes gemeint war, er kennt die heißen Kämpfe, die manch einer durchfechten muß, um nicht zu fallen.

Hüten wir uns zu urteilen, wenn wir an einem anderen Fehler sehen, denn was wissen wir, wie der Mensch kämpft gegen seine Fehler. Es kann sein, daß er eine unglückliche Veranlagung hat, und äußerlich merkt man nichts von dem heldenhaften Kampf, mit dem er gegen seine Fehler und Schwächen angeht. Es kann sein, daß ein anderer, der ein angenehmes Wesen hat und bei dem keine Ecken und Kanten zutage treten, weniger Tugend besitzt. Dieser hat vielleicht schon von den Eltern eine glückliche Veranlagung als Erbgut mitbekommen. Wir Menschen können da nicht urteilen, wir können einem anderen nicht ins Herz schauen. Aber Gott vermag dies. Der gute Hirt kennt die Seinen, und dies mag die, die verkannt und mißverstanden werden, trösten: Der Heiland kennt sie, und einmal wird alles, auch ihr verborgenes Mühen und Streben, offenbar werden vor aller Welt.

»Und die Meinen kennen mich.«

Die Schäflein folgen dem guten Hirten, wohin er geht, sie wissen ja, er wird sie immer auf eine gute Weide führen. Wenn nur dies alle Menschen so recht erfassen würden! Aber wenn ein Unglück kommt, dann hört man so oft: »Warum hat gerade uns dies treffen müssen, gerade uns, die wir doch in die Kirche gehen und gute Christen sind?« Der Heiland ist uns den Kreuzweg vorangegangen. Wenn wir ihm treu nachfolgen, so dürfen wir nicht irre werden, wenn er auch uns auf einen Kreuzweg führt. Der liebe Gott meint es so gut mit uns; das Leid, das er uns schickt, kann uns zur Läuterung dienen und uns nur näher zu ihm, in seine liebenden, sorgenden Vaterarme bringen. Wer da sagt: »Warum gerade mir diesen Schmerz, dieses Leid?« der ist noch weit weg von dem Wort: »Die Meinen kennen mich.«

Bemühen wir uns doch, dies den Menschen begreiflich zu machen und ihnen zu helfen! Und bemühen wir uns recht, den Heiland kennenzulernen. Der liebe Heiland muß wirklich der Mittelpunkt unseres Herzens sein, um den sich alles dreht! Bitten wir ihn um die Gnade, ihn immer besser kennenzulernen.

Alle Rätsel werden sich lösen

Was Gott tut, das ist wohlgetan, auch wenn es für uns jetzt sehr schmerzlich und unbegreiflich ist. Der Menschen Gedanken sind nicht Gottes Gedanken. Es wird der Augenblick kommen, wo alle Rätsel des Lebens sich für uns lösen. Bis dahin wollen wir suchen, alles großherzig in Gottes Hand zu legen. Das wird uns allmählich wieder beruhigen und das Gleichgewicht der Seele zurückgeben.

Gott hält Wort

Der Heiland sagt: »Mein Joch ist süß, und meine Bürde ist leicht.« Und wir wissen aus langjähriger Erfahrung, daß er Wort hält, wenn wir das Unsrige tun. Also keine Verzagtheit und keinen Kleinmut aufkommen lassen in den Wechselfällen des Lebens.

Ergebung in Gottes Willen

Kann es einen größeren Akt der Gottesverehrung geben, als wenn eine christliche Seele sich restlos ergibt in den Willen Gottes mit dem Gedanken: »Verstehen kann ich es zwar nicht, aber nicht wie ich will, sondern wie du willst, o Herr«.

DAS GESETZ DER LIEBE

Kinder des einen Vaters

Wir sind alle Kinder des einen Vaters, der im Himmel ist. Wir sind alle der Seele nach unmittelbar aus der Hand Gottes hervorgegangen und haben dasselbe Ewigkeitsziel. Wir sind Erlöste Jesu Christi. Wenn wir vor ihm bestehen wollen, müssen wir Ernst machen mit dem Grundgesetz, das er seinem Reiche gegeben hat, mit dem Gesetz der Liebe. Wehe dem, der dies Gesetz mit Füßen tritt.

Freudenbringer sein

Alle Menschen, mit denen Sie zu tun haben, sollen es allmählich merken, daß es auch heutzutage noch eine selbstlose, uneigennützige, wahrhaft christliche Liebe gibt. Suchen Sie immer guter Dinge zu sein, auch wenn es Ihnen innerlich noch so elend zumute ist. Das Leben der meisten Menschen ist so kalt und liebeleer. Wie wohl tut es da den Menschen, einmal einem Menschenkind im Leben zu begegnen, von dem etwas so Liebes, Gütiges, ja Strahlendes ausgeht. Auf die Dauer können sich die Menschen dem Einfluß nicht entziehen.

Das ist ein wunderschönes Apostolat, den armen Menschen ein Freudenbringer zu sein. So allein kann man die Menschen auch Gott wieder näher bringen. Und da braucht man noch gar nichts davon zu sprechen. Ein solches Beispiel genügt und kann Wunder wirken. Suchen Sie das Wort des Heilandes tiefinnerlichst zu erfassen: »Was ihr einem der Geringsten meiner Brüder getan habt...« Wenn Sie in diesem Geiste lieb und gut und opferfreudig sich zeigen, werden Sie selber dem Heiland Schritt für Schritt innerlich näher kommen und auch allmählich wieder am religiösen Leben Freude bekommen.

Etwas Gutes bleibt immer

Benützen Sie jede Gelegenheit, an den armen Menschen, die Ihnen der Beruf zuführt, Gutes zu tun und sie so dem lieben Gott näher zu bringen, auch wenn sich jetzt die guten Früchte einer solchen selbstlosen Tätigkeit noch nicht zeigen sollten. Es bleibt immer etwas Gutes hängen.

Die Religion der Liebe

Es gehört nun einmal zum Christlich-, zum Katholischsein die Liebe und Sorge für die Armen. Gewiß ist es sehr gut, daß man in der Öffentlichkeit für diejenigen zu sorgen sucht, die es schwer haben im Leben; aber niemals kann man die christliche Caritas ausschalten, und vernünftige Menschen wollen das auch nicht tun. Denn wenn wir kurz das Christentum bezeichnen wollen, dann müssen wir sagen: Das Christentum ist die Religion der Liebe.

Wo die Liebe eine untergeordnete Rolle spielt, da müßte man von einem Abfall vom Christentum sprechen. Und wie oft hat der göttliche Heiland uns darauf aufmerksam gemacht! Wenn man einseitig sein will — ich sage das ausdrücklich: wenn man einseitig sein will —, dann könnte man vielleicht sagen: Das ist die eigentlich schwere Sünde, die man im Christentum begehen kann, wenn man die Liebe nicht hat und übt. Denn der Heiland sagt es ja: »Kommet, ihr Gesegneten meines Vaters, und besitzet das Land, das euch von Anbeginn der Welt bereitet ist.« Warum sollen sie kommen und es besitzen? »Denn ich war arm, ich war hungrig, und ihr habt mich gespeist, ich war durstig, und ihr habt mich getränkt, ich war nackt, und ihr habt mich bekleidet. Gehet ein in das Reich meines Vaters, denn was ihr einem der Geringsten meiner Brüder getan, das habt ihr mir getan.«

Also — wenn man einem Armen hilft, ihm beisteht, dann sieht das der Heiland so an, als ob man ihm selber diese Wohltat gespendet habe. Wer so tut und seine anderen Pflichten natürlich auch erfüllt, die man erfüllen muß, der ist reif fürs Himmelreich. Und auf der anderen Seite sagt der Heiland klipp und klar, daß derjenige, der das verachtet, verloren ist, mag dem sein, wie ihm wolle.

Darum wollen wir uns daran erinnern, daß wir auch ein bißchen die Augen aufmachen und daß wir in einer schweren Notzeit nicht denken: Ach nun, für den wird schon gesorgt werden. Nein: Ich werde mich schon um sein Schicksal zu kümmern wissen. Ich werde sehen, daß Menschen, die schwere Not leiden, nicht zugrunde gehen, sondern daß man ihnen bald zu Hilfe kommt, soweit das heutzutage für uns möglich ist.

Die Religion liebenswert machen

Wir müssen alles Harte und Abstoßende in eine liebenswürdige, feine Art umformen, um die Menschen für Christus zu gewinnen und die Religion den Menschen liebenswert zu machen.

Die Ausstrahlung des innerlichen Menschen

Wenn wir immer Gott vor Augen haben, wenn wir innerliche Menschen sind, so wirkt das auf andere ohne viele Worte. Und so soll es bei uns sein.

Am Beispiel einer Bibliothekarin

Man könnte denken: Hat die Tätigkeit in der Bibliothek solche Bedeutung? Bücher hergeben ist doch nichts Besonderes!

Bekanntlich hängt der Besuch einer Bibliothek von der Bibliothekarin ab. Wenn sie es versteht, jedem das rechte Buch zu geben, so vermehrt sie die Leserzahl ganz bedeutend. Da muß die Bibliothekarin viel Erfahrung haben, muß selbst viel lesen, muß sich hineindenken können in die Menschen, die zu ihr kommen. Wie manches läßt sich sagen beim Ausgeben der Bücher, und sei es auch nur ein kurzes, treffendes Wort. Die Menschen sind ja so dankbar für ein gutes Wort, für ein liebevolles Interesse an ihrer Person. Oh, das tut ihnen gut, wenn sie mit wahrem Interesse behandelt werden! Alleinstehende Menschen empfinden das ganz besonders wohltuend.

Suchen wir diese frohe, christliche Liebenswürdigkeit in uns zu pflegen. Dieser Geist darf nicht aussterben bei uns; er muß vielmehr tiefer Wurzel schlagen. Wir müssen uns jetzt ganz darauf einstellen, daß wir immer geduldiger, freundlicher und rücksichtsvoller werden, weil die Menschen so unruhig und aufgeregt sind. Mit den Menschen von heute — nervös und aufgeregt — müssen wir arbeiten, die müssen wir beruhigen und ihnen die Liebenswürdigkeit des Christentums zeigen.

Von der Feindesliebe

Es haben mir schon manche Menschen gesagt: Das hätte ich nie für möglich gehalten, daß die Feindesliebe so schwer sein kann. Ja, Feindesliebe ist sehr schwer. Das kostet den Menschen etwas. Wem einmal ein schweres Unrecht zugefügt wurde, der weiß, was da im Herzen eines Menschen vor sich geht. Da kommt es einem gerade vor, als krampfe einem sich das Herz zusammen, um einem eine übermenschliche Kraft zu geben, den anzufallen, der einem so wehe getan hat.

Das ist so das echt menschliche Tun und Fühlen und Denken, das ist die reinste Leidenschaft. Aber bedenken wir, was dabei herauskommt, herauskäme, wenn der Mensch diesem leidenschaftlichen Beginnen nachginge, wenn er das tun würde, wo-

40

zu ihn die Leidenschaft antreibt. Es gibt manche Menschen, die sagen: Ach was, das ist eine Schwäche, für den Feind zu beten; für den Feind auch nur eine Hand zu rühren, ist für einen Mann von Ehre unmöglich.

Da muß ich aus dem Felde etwas erzählen: Ich hatte eine große Kenntnis der einzelnen Soldaten, und da kann ich folgendes behaupten: Unter unseren Tapfersten war eine große Anzahl tiefreligiöser, echt christlich denkender, fühlender Menschen. War die Schlacht vorbei, dann haben wir uns, todmüde, in erster Linie unserer Kameraden angenommen, die verwundet waren; aber immer fanden wir Kameraden, die ihre letzten Kräfte zur Bergung verwundeter Feinde verbraucht haben. Ist das nicht wunderschön! Also im Kampfe Menschentaten, die wir sehr bewundern müssen, und im nächsten Augenblick Opfer für die Feinde, die auch in unseren Reihen schweres, großes Unheil angerichtet hatten. Im Felde wahrer Heldenmut, Opfer bis zur Selbsthingabe, wohl vereinbar mit Caritas, sogar mit Caritas, geübt an dem Feinde. Deshalb lassen wir uns gar nichts vormachen, wenn man uns sagt, die Feindesliebe sei unvereinbar mit echtem Heldentum. Daß das nicht stimmt, das wissen wir aus der Theorie, aus der Rede des Heilandes, wir wissen es aber auch aus der Praxis heraus.

Ja — den Feind lieben? Ist es dann so, daß man auf jedes Rechtsmittel verzichten muß, daß man zu allem ja und amen zu sagen hätte? Beileibe nicht! Selbstverständlich darf man jedes erlaubte Mittel benützen, um zu seinem Recht zu kommen, um Genugtuung zu bekommen, um einen zu veranlassen, daß er seine Verleumdung, seine Ehrabschneidung zurücknimmt. Aber das soll geschehen nicht mit Haß und tödlicher Feindschaft im Herzen. Dann ist ja alles gut.

Freilich, das ist wahr: Wenn sich ein Streit entwickelt zwischen zwei Menschen, dann muß man sich ehrlich vor Gott fragen: Wer hat den Streit begonnen? Und wenn ich vor Gott sagen kann: Ich habe nicht angefangen, die ganze Reihe von Streitigkeiten und Zänkereien hat ihren Anfang von andern —, wenn ich das ehrlich vor Gott sagen kann, ja dann habe ich nicht die Ursache, die Veranlassung, den ersten Schritt zum Frieden zu tun. Aber wenn wir das Leben nehmen, wie es ist: In der Regel haben beide eine gewisse Schuld. Wer die größere oder kleinere hat, das läßt sich oft sehr schwer, manchmal überhaupt nicht bestimmen. Und darum sich nicht so lange besinnen, den ersten Schritt zu tun, um sich auszusöhnen mit dem Feinde, und nie denken: Das ist eine Schwäche, du kannst dich hernach nicht mehr sehen lassen; dadurch beraubst du dich deiner Ehre! Nur

das nicht denken! Leichter ist es, seiner Leidenschaft den Lauf zu lassen und rasch rachsüchtige,
rachgierige Gedanken im Herzen zu pflegen, als
großherzig das eigene Widerstreben zu überwinden und großzügig die Hand zum Frieden zu bieten.

Wenn es sich um eine ernste, schwere Feindschaft handelt, dann natürlich kommt an uns
Christen die Notwendigkeit heran, diese schwere
Feindschaft, diesen tödlichen Haß aufzugeben.
Und was soll dich dazu bestimmen? Die Rücksicht auf uns. Ja, die Rücksicht auf uns! Es ist ja
unmöglich, ohne diese Gesinnung noch ein hl. Sakrament zu empfangen. »Wenn du deine Gabe an
den Altar bringst und dich da erinnerst, daß ein
anderer etwas wider dich habe, so laß die Gabe
und gehe zu deinem Bruder und versöhne dich
und dann komm und opfere deine Gabe.« Und
dann — vergessen wir doch nicht, daß der
Mensch, der haßt, sich selber am meisten schädigt;
denn von dem Augenblick an ist es aus und vorbei mit der Herzensruhe und mit dem Herzensfrieden. Das kann man einem Menschen ansehen,
wenn er längere Zeit hindurch den Haß in seinem
Herzen nährt, wie er sogar körperlich abnimmt,
wie er sich ganz aufreibt im Haß gegen seinen
Feind. Der Hasser fügt sich selber das größte Leid
zu. Anders der großherzige Mensch, der echt den

Frieden wünscht und sucht. Von dem Augenblick an hat er den Frieden wieder in seinem Herzen. Und dann kann uns der liebe Gott nicht verzeihen, wenn wir nicht verzeihen wollen. Wir beten ja im Vaterunser förmlich: »Vergib uns unsere Schuld, wie auch wir vergeben unseren Schuldigern«. Also so soll uns der liebe Gott verzeihen, wie wir denen verzeihen, die uns etwas schuldig sind.

Wenn wir für den Frieden arbeiten unter den Ehegatten, in der Familie, außerhalb der Familie, wenn wir wirklich Boten des Friedens werden, auch wenn das dann und wann uns ein Opfer kostet, dann dürfen wir hoffen, daß auch uns einmal — wie Sankt Stephanus — der Himmel offen steht.

ZEITEN DER GNADE

Im Advent

In Betlehem fand Maria, die das Kind unter ihrem Herzen trug, keine Unterkunft, weil kein Platz mehr da war, wie es im Evangelium heißt. Findet sich vielleicht in unserem Herzen irgend etwas, was die Ankunft des göttlichen Kindes in demselben unmöglich machen oder auch nur erschweren könnte? Da wäre es unsere dringende Pflicht, in allem Ernst nach dem Rechten zu sehen, an uns tatkräftig zu arbeiten und nicht zu ruhen, bis das Hindernis beseitigt ist und der Aufnahme des Christkinds in unserem Herzen nichts mehr im Wege steht. Mit der Gnade Gottes sollten wir beim Abschluß des Advents so weit sein, daß wir alle ausnahmslos mit gutem Gewissen aus tiefstem Herzen am Heiligen Abend sagen können: O Jesuskind, komm in mein Herz, weit offen steht es für dich, für dich allein. Restlos soll es dir gehören. Schenke mir nur deine Liebe, dann bin ich reich genug. Dann, o seliges Weihnachten!

Gegen Ende des Advents ist die Zeit, in der unser Heiland an so manchem Menschenherzen anklopft und Einlaß begehrt. Wie oft wird er wohl abgewiesen? Das Herz so mancher Menschen ist voll von Weh und namenlosem Leid, voll von Erbitterung und trostloser Verzweiflung, voll von Rachsucht und fanatischem Haß oder voll von sinnlicher Begier und blinder Leidenschaft; da ist kein Platz und kein Verständnis mehr für das Liebeswerben des Christkinds. Da gilt es durch Werke der Selbstverleugnung und Selbstüberwindung, durch Gebet und Opfer in den Menschenherzen der Gnade Gottes die Wege zu bereiten.

Wer Gelegenheit hat, im Verkehr mit den Menschen unmittelbar auf sie einzuwirken, der wird jede sich darbietende passende Gelegenheit benützen, auf die Frohbotschaft hinzuweisen und die Sehnsucht nach dem Christkind zu wecken und zu steigern, um so in Wahrheit ein Christusträger zu werden.

□

Wir werden erinnert an die Zeit, die die Gottesmutter erlebte vor der Geburt des Gotteskindes. Wir sollen uns hineindenken in diese Stimmung und sollen uns freuen über die nahe Ankunft des Erlösers. Wie schön ist die Freude, mit der die Gottesmutter diesem frohen Ereignis entgegensah. Was für ein Leben mag die Gottesmutter in dieser Zeit geführt haben, und wie müßte das auch auf uns abfärben, da auch wir in der heiligen Kommunion in so nahe Verbindung mit dem Heiland kommen. Da erleben wir in uns etwas Ähnliches, was die Gottesmutter damals erlebt hat:

Sie war eine Christusträgerin, und das sind auch wir bei jeder heiligen Kommunion. Ich würde wünschen, daß wir an manchen Tagen besonders diesen Gedanken in unserem Herzen pflegen: Ich will den Tag auch heute so zubringen, wie ihn die Gottesmutter zugebracht hat, in inniger Lebensgemeinschaft mit Christus.

□

Es genügt nicht, daß Christus erschienen ist auf Erden und daß er wieder erscheinen wird am Jüngsten Tag. Notwendig ist, daß er von unserem eigenen Herzen Besitz ergreift. Wir sollen die Geburt des Christkindes in unserem Herzen wiedererleben. Durch diese Geburt des Christkindes in unserer Seele sollten wir jedes Jahr um einen Schritt dem lieben Gott seelisch näher kommen. Das ist der Zweck der Vorbereitung auf das heilige Weihnachtsfest.

Schön ist es, wenn wir die Tage vor dem heiligen Weihnachtsfest mit diesen Gedanken zubringen und die Stoßgebete beten: Komm, o Jesus, komm zu mir! — Komm, Messias, in mein Herz! — Wie freue ich mich auf dich! — Wie glücklich wäre ich, wenn du von meinem Herzen ganz Besitz ergreifen würdest. Ich habe den Willen dazu und will die Hindernisse, die dagegenstehen, wegzuräumen suchen. Aber du mußt mir dabei helfen.

Erleuchte mich, daß ich diese Hindernisse recht erkenne!

Weihnachtsgedanken

Das Christkind ist in diese Welt gekommen, um die Menschheit, die in Sündennot und Sündenelend geraten war, mit Gott wieder zu versöhnen. Gott ist Mensch geworden, die zweite Person in der Gottheit hat die menschliche Natur angenommen, um uns den Frieden mit Gott wieder zu bringen, den wir verloren hatten. Das Christkind will uns zu sich wieder heraufziehen, so daß wir nicht nur Kinder Gottes heißen, sondern es wirklich sind. Durch Christus, unsern Erlöser und Mittler, sollen wir Gottes Natur teilhaftig werden.

Es ist jammerschade, daß wir es zu wenig erfassen und einsehen, wie nahe uns Gott der Herr durch seine Menschwerdung gekommen ist. Oder haben wir uns schon einmal so ganz persönlich dem Christkind gegenübergestellt, ich möchte sagen: Aug in Aug? Haben wir uns einmal so ganz hineingedacht und hineingelebt, was unser Heiland schon in seiner frühesten Kindheit für uns durchgemacht, z. B. die Armut der Krippe, die Verfolgung des Herodes, der Aufenthalt im fremden Land, und dies alles uns zuliebe? Haben wir das alles so ganz tief mit unserem Herzen zu erfassen gesucht? Ist uns das Christkind in der Krippe schon einmal so ganz nahe gegangen, so daß unser Herz dadurch ernstlich und nachhaltend beeinflußt wurde?

Wir wollen suchen, unser Herz seinem Herzen zu öffnen, den guten Einsprechungen und Anregungen, gerade auch wenn sie Opfer fordern, Folge zu leisten. Wir wollen ihm zulieb den Frieden mit Gott in uns zu erhalten suchen; wir wollen seinem Dienst uns rückhaltlos widmen und hingeben, wann und wo es sei. Wir wollen uns glücklich schätzen, für Christus leben und in Vereinigung mit ihm sterben zu dürfen. Dazu wollen wir durch eifriges Gebet Gottes Gnade erbitten.

Wer so eng verbunden mit dem Christkind leben will, wer sich ernstlich Mühe gibt, in aller Wahrheit mit seinem Herzen sich in Jesus hineinzuleben, wird naturgemäß gewissenhaft danach streben, dem Beispiel, dem Wunsch, ja der ganzen Sendung des Heilands folgend, den Menschen den Frieden zu bringen.

□

Es liegt im Wesen des heiligen Weihnachtsfestes, in den Herzen eine recht friedliche, versöhnliche Stimmung und Gesinnung zu erzeugen. Dies geht aus der Erfahrung hervor, wie man sie in der Welt findet. Es ist nun einmal so, daß es auch in christlichen Ehen und Familien mitunter Streitigkeiten, Zank und Verdrießlichkeiten aller Art gibt. Es klappt nicht mehr recht zwischen Mann und Frau, oder eines oder einige der Kinder bereiten den Eltern viel Verdruß. Man hat noch keinen rechten Weg gefunden, die Sache beizulegen. Nun kommt der Weihnachtsabend. Gottlob ist es noch so weit, daß alle Glieder der Familie sich zu Hause einfinden. Wenn nun die Krippe, die alle von Kindheit an kennen und lieben, aufgestellt ist und der Weihnachtsbaum brennt und die alten lieben Weihnachtslieder angestimmt werden, da kommt es manchmal zur Versöhnung. Vater und Mutter umarmen einander, die Söhne und Töchter geben den Eltern zu verstehen, daß alles wieder gut und in Ordnung sein soll. Wie könnte es auch unter dem brennenden Christbaum und angesichts der Krippe mit der Aufschrift »Ehre sei Gott in der Höhe und Friede auf Erden den Menschen, die eines guten Willens sind« anders sein?

Des Heilands Trauer

Da heißt es im Evangelium: »Und er begann traurig zu werden.« Da fragen wir uns: Was hat den Heiland so traurig gemacht?

Christus ist Priester, Seelsorger. Er ist zu seinen Landsleuten gekommen. In erster Linie wollte er sie bekehren, für sie hat er gearbeitet, für sie gepredigt, ihnen die Schätze seiner Weisheit und seines Herzens geöffnet. Ihre Kranken hat er geheilt und alle Betrübten hat er getröstet. Anfangs verstand das auch das Volk, es hat ihn begeistert aufgenommen, es lief ihm nach und wollte ihn wiederholt zum König ausrufen. Aber als einmal die Sensation vorüber war, da kehrte es ihm fast geschlossen den Rücken. Es lieh den Hetzern das Ohr. Immer weitere Kreise rückten von ihm ab, und schließlich war er fast allein auf weiter Flur.

Die Führer des Volkes waren von Anfang an gegen ihn. Voll Neid sahen sie seinen Erfolg, voll Eifersucht mußten sie es mit ansehen, wie sein Anhang immer größer wurde. Jede Gelegenheit benützten sie, um ihm Steine in den Weg zu werfen, um gegen ihn zu arbeiten. Und endlich haben sie das Volk so weit gebracht, daß es mit ihnen einstimmte in den bekannten Ruf: »Kreuzige ihn!«

Das ist der Schluß! Umsonst hat er gearbeitet,

umsonst all die Mühen und Beschwerden des Erdenlebens auf sich genommen. Es waren nur ganz wenige, die ihm schließlich treu geblieben sind. Menschlich gesprochen hat er ein elendes Fiasko gemacht. Und doch handelt es sich um unsterbliche Menschenseelen. Diese Tatsache lastet auf seinem Herzen, das war der Grund der Trauer, die den Heiland am Ölberg erfaßte.

Aber der Heiland sah noch weiter. Er sah in die Zukunft, und das war kein trostreicher Blick. Er sah den organisierten Unglauben, den organisierten Irrglauben, der immer und überall seit den Tagen des Heilandes gegen ihn und seine Lehre an der Arbeit ist und bleiben wird. Da sieht er, wie so viele schwach werden und ihn und seine Sache im Stiche lassen. Gewiß sieht er auch viele gute, edle Menschenseelen, die das Beste, was sie haben, rückhaltlos für ihn opfern. Aber er sieht auch in den Reihen derer, die zu ihm gehören, gar viele Äußerlichkeiten, Gewohnheiten, Mechanismus und Fehler aller Art. Das alles ist natürlich für ihn betrübend. Immer wieder das Wörtchen »umsonst«! Und das ist es, was den Menschen schwer mitnimmt, das wissen wir alle miteinander.

Wo ist die Seele, die es nicht auch manchmal erleben müßte, daß ihr der Erfolg der Mühe und der Arbeit versagt bleibt? Ja, da heißt es auch manchmal: Da habe ich mir soviel Mühe gegeben, jetzt habe ich es so gut gemeint, habe so viele Opfer dafür gebracht, war mit den andern so gut — und der Schluß: ein Fiasko! Umsonst war es in den Augen der Mitmenschen. So etwas bildet manchmal eine große Gefahr für den Beruf. Wer möchte das leugnen. Und deswegen ist es wichtig, daß wir uns in solchen Stunden an den Heiland und sein Leiden am Ölberg erinnern. Es ist ihm ja auch so gegangen. Soll ich mich dann darüber wundern, wenn es mir so gemacht wird?

Beim Heiland am Ölberg

Wenn wir einen Mitmenschen traurig sehen, suchen wir ihn zu trösten, und das wollen wir auch beim Heiland am Ölberg tun. Mit was für einem Gedanken können wir da kommen?

Stellen wir unsere Bereitwilligkeit dem Heiland gegenüber fest. Sorgen wir dafür, daß sein Blut an möglichst wenig Menschen verloren geht. Wir wollen dem Heiland sagen, daß wir dafür arbeiten wollen, daß sein kostbares Blut möglichst vielen Menschen zugute kommt. Da wollen wir uns fragen: Was kann ich noch in meinem Beruf, an meinem Posten tun, um mehr zu leisten für Christus und die unsterblichen Menschenseelen, auch was Gebet und Opfer betrifft? Es muß eben der

Gedanke, daß wir für andere da sind, in uns Fleisch und Blut annehmen.

Wenn wir getadelt werden

Wie ruhig ist der Heiland, als ihm der Diener des Annas einen Schlag ins Gesicht gibt! Welch unerhörte Roheit! Der Heiland aber kommt nicht im mindesten aus der Ruhe und sagt nur: »Habe ich unrecht geredet, so beweise es mir; habe ich recht geredet, warum schlägst du mich?« Wie empfindlich sind wir, wenn wir mit Recht getadelt werden, nun aber erst, wenn wir zu Unrecht einen Verweis bekommen. Ach, wenn uns da nur jemand das Hühnerauge ein klein wenig streift, wie ist das schlimm. Denken wir an den Backenstreich, den der Heiland hinnahm, nehmen wir auch einen unverdienten Tadel an und denken: Das ist nun für dies oder jenes, was ich nicht recht gemacht habe, wo ich gefehlt habe und man hat es nicht bemerkt. Habe ich es heute nicht verdient, so verdiene ich es für ein anderes Mal, wo ich wirklich schuldig war. Denken wir an die Gefangennahme Jesu, wenn wir jetzt auch so manchen Gewaltakt erleben müssen, der dumm und roh und ungerecht ausgeübt wird.

Christi Tod — Trost für Millionen

Man könnte ja fragen: Warum ist der göttliche Heiland nicht als Held gestorben, die Stirne mit einem Lorbeer bekränzt? Das hat seinen tiefen Grund. Er wollte so schmerzlich sterben, um allen Menschen zu allen Zeiten der Trost im Leiden zu werden. Und das ist er geworden.

Wenn man die Menschen sterben sieht, wenn sie noch einen Funken von Christusglauben haben, dann ist es eben der Blick auf den Christuserlöser, der ihnen die Schrecken des Todes nimmt. So ist es seit 1900 Jahren: Millionen und Abermillionen sind getröstet gestorben, weil Christus ihnen diese Gnade verdient hat durch sein Sterben, durch seine Todesangst.

Da wollen wir dem Heiland herzlich dafür danken und ihn jetzt schon bitten, daß er auch uns einmal die Todesangst nehmen möge im Hinblick auf das, was er für uns gelitten hat, daß auch wir einmal ruhig, gefaßt und getröstet von hinnen gehen können.

Das Los des Menschen

Das ist das Los des Menschen auf Erden: den Kreuzweg zu gehen. Wer das Leid in seinem Leben ausschalten will, der versteht nichts von der Nachfolge Jesu Christi. Ich glaube, daß solche Stunden und Tage der Heimsuchung nur dazu dienen werden, eine christusgläubige und christusliebende Seele innerlich reicher, wertvoller, kostbarer zu machen.

Marienmonat Mai (1927)

Wir rüsten uns zum 1. Mai, denn wir wissen, wen es da zu feiern gilt. In einem alten Kirchenlied heißt es:

Sing und sage alle Tage
Lob der Himmelskönigin!

Ja, so machen es die guten Kinder, sie grüßen Tag für Tag ihre himmlische Mutter. Dreimal werden wir da gemahnt durch das Angelusläuten; wir wollen es nie überhören. Auf dem Lande kommt es nicht vor, daß man es überhört, in der Stadt ist das schwieriger. Wir wollen an dem alten kirchlichen Brauche festhalten, die Gottesmutter dreimal täglich zu grüßen. Aber die eifrigen Kinder begnügen sich damit nicht, sie halten einen Tag in jeder Woche; der Samstag ist der Gottesmutter geweiht durch die Kirche.

Seit über 100 Jahren herrscht auch die Übung, der Gottesmutter den ganzen Monat Mai zu weihen. Die Maiandachten haben die Welt erobert, sie gehören zu den populärsten, zu den volkstümlichsten Andachten. Es ist begreiflich! Gibt es etwas Tröstlicheres oder Erhebenderes als das Bild der Gottesmutter, das Jesuskind auf dem Arm, umgeben von einem Wald von Blumen, umstrahlt von einem Lichtermeer, dichtgedrängt die Menschen zu ihren Füßen, ihr entgegenjauchzend:

Maria Maienkönigin,
dich soll der Mai begrüßen.
O segne seinen Anbeginn
und uns zu deinen Füßen!

Warum verehren wir die Gottesmutter besonders im Monat Mai? Das ist für ein gutes Kind selbstverständlich: Wenn es der Mutter ein Geschenk macht, da ist ihm das Beste gut genug.

Das Frühjahr ist zweifellos die schönste Jahreszeit. In unserer deutschen Heimat wird ja der Mai der Wonnemonat genannt. In neuer Pracht erscheint die Sonne am Himmel, neues Leben weckt sie überall, jetzt grünt's, sproßt's, treibt's und blüht's, überall herrscht neues Leben. Jetzt kommen die Blümlein heraus und heben ihre Köpfchen der Sonne entgegen, von der alles Leben kommt. Die Vöglein stimmen ihre schönsten Lieder an, die ganze Natur prangt im schönsten Blütenschmuck, alles neigt sich der Königin des Frühlings, der Sonne, zu.

Wir legen das Frühjahr einer schöneren und erhabeneren Königin, als die Sonne es ist, der Maienkönigin zu Füßen, und da sind es Worte der Heiligen Schrift, welche der Bräutigam der Braut im Hohen Lied zuruft und welche die Kirche auf die Gottesmutter anwendet:

> *Vorüber ist die Winterzeit;*
> *der Regen ist vorbei.*
> *Auf, meine Freundin, komme!*

In diesem Sinn ist die Maiandacht der Kirche aufzufassen. Das Volk drückt sie anders aus:

> *Maria, dir befehlen wir,*
> *was grünt und blüht auf Erden.*
> *O laß es eine Himmelszier*
> *in Gottes Garten werden.*

Das ganze Frühjahr mit all dem Schönen und Lieben und Herrlichen soll vor der Gottesmutter niedergelegt werden, um ihr zu huldigen.

Es ist wahr, schön ist der Mai im Reiche der Natur; noch schöner ist er im Reiche der Gnade. Im Mai feiern wir eine Reihe herrlicher Feste! Da tönt noch hinüber das Alleluja der Osterzeit. Jetzt hat der Priester das Alleluja noch täglich auf den Lippen, das paßt so recht für den Monat Mai. Da kommt das Himmelfahrtsfest, wie paßt das so schön hinein: das Fest freudiger, christlicher Hoffnung, ein großes Fest des Trostes. Das Pfingstfest, das Fest der Liebe, wo auch aufgeht das Menschenherz. Da fragen wir uns: Wem verdanken wir die Feste? Nächst Gott der allerseligsten Jungfrau Maria, die uns den Urquell aller Feste, den lieben Heiland, geschenkt hat. Sie ist die Ursache all dieser Festesfreude. Darum ist es unsere Pflicht, in diesem Monat in besonderer Weise der Gottesmutter zu gedenken.

Wir dürfen nicht vergessen, daß die Muttergottes im Frühjahr der Kirche, in der jungen Christengemeinde, den Aposteln Stütze, Trost und Halt gewesen ist. Und darum gebührt es, daß wir gerade im Monat Mai, im Frühjahr, derer gedenken, die so viel getan hat im Frühling der Kirche.

Der Monat Mai erinnert uns aber auch durch seine Anmut an die Schönheit Mariens. Der Monat Mai mit seinem Blütenschmuck ist ein wunderbares Erinnerungszeichen an die Schönheit Mariens. Und die Fruchtbarkeit des Monats Mai, wo alles knospt und treibt in der Natur, erinnert uns an ihre Tugenden. So ist es ganz begreiflich, daß wir den Monat Mai der besonderen Verehrung Mariens geweiht haben.

Freilich, im Frühjahr kommen auch manche Stürme, wir haben's auch schon gemerkt. Da brausen die Stürme, und es kommen auch kalte Nächte, und das hat schon mancher Wurzel und mancher Blüte schwer geschadet. So gibt's auch in der Menschenseele Stürme, auch da gibt's Fröste, böse Tage und Stunden. Es ist gut, wenn wir die Gottesmutter bitten, daß sie unser Seelengärtlein mit ihrem mütterlichen Schutze umfriedet. Wir wollen besonders der Jugend gedenken, wo es noch mehr Stürme gibt als im Alter.

Wie wollen wir den Monat Mai feiern? Wir sollen die Maiandachten besuchen, soweit wir es mit unseren Berufsarbeiten vereinbaren können.

Dann ist es notwendig, daß wir die Tugenden Mariens nachahmen. Wir werden dazu angeregt durch vieles, was wir lesen und hören in diesen Tagen. Was kann es Schöneres geben, als immer mehr einzudringen in die Vorzüge Mariens, sich immer klarer zu werden! Dazu haben wir den Monat Mai. Wenn wir Gelegenheit haben, das Wort Gottes zu hören, versäumen wir es nicht! Und wenn wir nur aus jeder Predigt eine kleine Anregung mitnehmen, wenn uns das Bild Mariens nur etwas klarer wird — es ist viel gewonnen. Betrachtend wollen wir den Rosenkranz beten. Gerade im Monat Mai sollen wir es fertigbringen, täglich mindestens ein Gesetzlein zu beten und uns zu erinnern an die wunderbaren Geheimnisse Mariens.

Aber dabei soll es nicht bleiben; nun heißt es auch die Tugenden *üben*, praktisch betätigen, was wir schätzen, lieben und verehren an der Gottesmutter. Das Seelengärtlein soll jetzt tadellos instand gehalten werden. In der Fastenzeit haben wir das Unkraut herausgerissen, so gut es ging, jetzt sieht es ganz manierlich aus; ein bißchen steckt ja immer noch drinnen. Vielleicht sieht man gar nichts, aber das ist doch auch kein schöner Garten, in dem man gar nichts sieht. Unkraut ist keines da, aber auch sonst nichts. O armselige Geschichte! Jetzt heißt es anpflanzen, schöne Blumen. Ja was können wir denn anpflanzen? Ich kenne mich so schlecht aus in der Botanik, ja du liebe Zeit! Das Veilchen, das im Verborgenen blüht, das Veilchen der Demut. Das ist ein nettes Blümlein. Ich meine, das sollten wir alle haben. Die Lilie der Reinheit! Wie schön und prachtvoll ist diese Blume, wie eigenartig. Jetzt sehen wir sie wieder öfters auf unseren Altären. Und wie die anderen Blumen alle heißen! Geduld, wenn 's Herz auch bricht! Ergebung in Gottes Willen! »Siehe, ich bin eine Magd des Herrn, mir geschehe nach deinem Wort.« Ein Rosenstöckchen müssen wir in unser Gärtchen auch hineinbringen, ohne das geht's nicht. Aber soviel ich schon gehört habe, soll das gar nicht einfach sein, ein Rosenstöckchen durchzubringen. Die Liebe zu Gott und zum Nebenmenschen!

Wie wäre es, wenn wir jeden Tag daran arbeiten würden, *eine* Tugend auf die Beine zu bringen? Das gibt einen Blumenstrauß am Ende des

Monats, so groß und so schön, daß unsere himmlische Mutter eine helle Freude daran hat. Im Monat Mai geht's tadellos, denn der Monat Mai ist ein Gnadenmonat, da thront die Himmelskönigin auf dem Maialtar als ihrem Gnadenthron und freigebig teilt sie die Gnaden aus. Wir wissen, daß es zur Zeit des Königtums besondere Ehrentage gegeben hat, und das waren Gnadentage. Da haben sich die Gefangenen lange darauf gefreut, wenn der König Namenstag gehabt hat. An einem solchen wurden Strafen erlassen und die Freiheit geschenkt. So ist es bei der Gottesmutter ähnlich, deshalb dürfen wir den Mut nicht verlieren.

»Ich bringe nichts zusammen. Schon als Kind habe ich vergessen, den Blumen Wasser zu geben, und dann haben sie die Köpfchen hängen lassen. So geht's mit meinem Seelengärtlein auch.« — Nein, wir brauchen nicht alles allein zu tun, jetzt kommt der Himmelstau, um den wollen wir bitten im Monat Mai. Es gibt Lehranstalten, Pensionate, da wird den Kindern am Anfang gesagt: Am Schluß des Monats wird eine Ehrenkarte geschenkt für solche, die sich durch musterhaftes Betragen während des Monats Mai ausgezeichnet haben. Das zieht. Da gibt's so wilde Bengel in Feldkirch, die werden so sanft und brav, die üben Selbstüberwindung aus Liebe zur Himmelskönigin. Die faulsten Kerle beißen an, sie suchen gehorsam zu sein. Es ist eine Freude! Nicht nur Mädchen, sondern auch Buben geben sich größte Mühe, im Maienmonat etwas zu leisten. Wenn das Kinder fertigbringen, was ist dann mit uns? Freilich, ich kann euch keine Ehrenkarte ausstellen am Ende des Monats Mai. Aber die Muttergottes wird uns eine Ehrenkarte ausstellen; das ist doch alles wert, da bekommen wir im Himmel einen Stein im Brett.

Wenn wir der Muttergottes eine besondere Freude machen wollen, dann führen wir ihr neue Kinder zu. Seien wir apostolisch tätig gerade im Monat Mai, der Königin der Apostel zulieb. Das können wir machen durch recht gutes Beispiel, durch unsere Gebete, vielleicht auch durch ein gutes Wort. Achten wir darauf: Da treffen wir manche Menschen, die sind Doppelwaisen, die haben die Kirche als Mutter verloren und auch die Gottesmutter. Es wäre schön, wenn wir die der Kirche und der Muttergottes zurückführen könnten.

Wenn wir so den Monat Mai verleben, dann ist er für uns ein Gnadenmonat.

LEIDEN UND BETEN

Kreuzträger

Wir denken an die Millionen und Milliarden von Kreuzträgern in den verflossenen 1900 Jahren. Wie verschieden sind doch all die Kreuze, mit denen sich die Menschen schon abzuschleppen hatten. Wie verschieden in der Art, in der Form, in der Größe, in der Schwere. Dem einen war es auferlegt durch Neid und Haß, worunter er fast zugrunde ging, dem anderen von Ungerechtigkeit, einem anderen wieder durch eigene Schuld und dem durch fremde Schuld.

Schwer ist es schon manchem geworden, aber welcher Trost für den Kreuzträger: An der Spitze dieser Millionenkette marschiert der Heiland als Führer, als Helfer, als Tröster! Er eröffnet diesen gewaltigen Reigen, und ergreifend kommt es durch all die Jahrhunderte hindurch: »Wer mir nachfolgen will, nehme sein Kreuz auf sich und folge mir nach.« Viele Tausende und Millionen wären zusammengebrochen unter ihrem Kreuz, unter dem Elend, das ihnen beschieden war; verzweifelt hätten sie Hand an sich gelegt, wenn nicht der Blick auf den Führer geblieben wäre.

Und das ist für uns ein großer Trost in all dem kleinen und großen Jammer, der uns in unserem Leben nicht erspart bleibt. Und es wäre sehr wichtig, daß wir das Bild des kreuztragenden

Heilandes sehr tief in uns aufnehmen, unseren Trost und unsere Kraft. Wer den kreuztragenden Heiland tief im Herzen hat, der ist nicht unzufrieden. Ein solcher Mensch wird nicht verzagen, denn er hat eben die Kraft in sich aufgenommen, die ihm das Beispiel des kreuztragenden Heilands gegeben hat. Was wäre der kreuztragende Mensch ohne Christus, und welches Licht fällt auf das Kreuztragen durch Christus! »Trägst du dein Kreuz gerne, so wird es dich tragen« (Nachfolge Christi).

Aus dem Feld geschrieben (1917)

Für viele Millionen, die in diesem Krieg alles einbüßen, ist der liebe Gott die einzige Hoffnung, und keiner von allen, die sich an ihn halten, wird sich enttäuscht sehen. In te, Domine, speravi, non confundar in aeternum. Ich persönlich habe mich mit allem so vertraut gemacht und ausgesöhnt, daß ich ganz froh bin, daß sich alles so entwickelt hat. Ohne die Leiden der Verwundung usf. durchgekostet zu haben, wäre der Krieg für mich wohl nicht das geworden, was ich von ihm erwarten mußte: ein Mittel, näher zum lieben Gott zu kommen.

Die Gott liebt, kettet er an sich

Es ist doch oft so, daß der liebe Gott Menschen, die er seiner besonderen Liebe würdig weiß, durch schwere Leiden immer mehr an sich kettet.

Auf Christus blicken

Immer, wenn etwas Unangenehmes oder Schmerzliches an uns herantritt, sollen wir aus dem Religiösen, aus dem Reichtum der Begebenheiten im Leben Christi schöpfen. Dann werden wir glücklich. Das ist es, was dem Weltmenschen fehlt und warum er überwältigt wird von den Ereignissen. Wir aber lernen durch die Betrachtung. Das ist das Wichtigste an ihr: nicht daß man erschüttert wird, sondern daß wir aus ihr lernen für unser tägliches Leben, wie wir uns im Alltag, im Leiden zu verhalten haben.

Stimme des Gefangenen

Aus Briefen und Erinnerungen

Als die Gefängnistür eingeschnappt war und ich allein in dem Raum war, kamen mir die Tränen in die Augen, und zwar waren es Tränen der Freude, daß ich gewürdigt wurde, um meines Berufes willen eingesperrt zu werden und einer ganz ungewissen Zukunft entgegenzugehen.

□

Ich war nun ganz glücklich, weil ich um des Glaubens willen eingesperrt war. Die Domglocken hörte man wunderbar herübertönen. Ich freute mich immer auf den Angelus.

□

Was mich zutiefst ergriffen hatte, war die innere Freude, die mich während der Gefangenschaft erfüllte. Daß der liebe Gott gegen uns Menschen gütig ist, das habe ich schon immer gewußt und darüber öfter gesprochen. Aber daß er **so** gut ist, wie er sich gegen mich gezeigt hat, das hätte ich nicht für möglich gehalten. Mir war so wohl zumute, daß ich mich einmal dabei ertappte, wie ich in meiner Gefängniszelle zu pfeifen anfing, was gegen meine sonstige Gewohnheit verstößt, ja einmal bemerkte ich, daß ich mich anschickte, ein lustiges Lied zu intonieren; auch das fiel mir sonst nie im Traum ein. Kurz und gut, ich fühlte mich in meinem Leben noch nie so glücklich und zufrieden wie im Gefängnis. All das verdanke ich all denen, die sich für mich beim lieben Gott eingesetzt haben.

◻

Schon die Alten sagten: »Süß ist es, fürs Vaterland zu sterben, auch zu leiden.« Das letztere durfte ich in reichem Maße erfahren, und ich möchte es in meinem Leben nicht missen. Aber noch süßer ist es, für den heiligen katholischen Glauben zu leiden und auch zu sterben. Das macht mich hier im Gefängnis so glücklich, und so viele tausend junge Leute in Deutschland stärkt dies wieder im katholischen Glauben. Auch das macht mich so glücklich. Ach, wenn doch die maßgebenden Kreise den Kampf gegen die Kirche einstellten! Wie ganz anders würde sich alles schöner und ruhiger entwickeln!

◻

Wenn ich nur eine Bude habe, wo ich arbeiten kann. Dann ist es gut. Denn der liebe Gott ist ja überall. Das ist die Hauptsache.

◻

Der größte Segen ist für den Menschen Gebet und Arbeit. Ich bin von allen und allem abgeschlossen und höre nichts mehr von der Welt. Das ist gut so, denn ich kann ja doch nicht helfen und nichts ändern. Ich suche zu beten und zu opfern. Mehr verlangt jetzt Gott nicht von mir; sonst hätte er es anders gefügt.

Ich habe wiederholt darauf hingewiesen, daß ich meinen Rosenkranz notwendig gebrauche. Man hat ihn mir nicht gegeben. Nachdem ich einige Male ergebnislos um Überlassung meines Rosenkranzes nachgesucht hatte, schrieb ich nun noch einmal an den Oberführer. Nachdem mir durch den Reichsführer selbst die tägliche Darbringung des hl. Opfers gestattet worden sei, könne es für ihn nicht sehr schwierig sein, mir den Rosenkranz zu überlassen. Daraufhin habe ich den Rosenkranz erhalten. Eine SS-Charge erkundigte sich daraufhin bei einer Vernehmung in der Kanzlei nach dem Sinne des Rosenkranzgebetes. Als ich mitten in der Erklärung war, kam eine andere Charge in die Kanzlei. Nun war alles vorbei. Schade, er hätte mich ja noch einmal in das Büro rufen lassen können, aber ich hatte den Eindruck, daß sich einer vor dem andern fürchtet.

□

Auf die geistlichen Übungen verwende ich wohl soviel Zeit wie seinerzeit im Noviziat. So geht es Tag für Tag still und einsam voran, bis der Herr ruft.

◻

Das Religiöse ist ja das einzige, was noch bleibt.

◻

Gebet bleibt die einzige, aber auch die beste Hilfe.

◻

Ich bin jetzt so arm wie eine Kirchenmaus. Das ist schön. Das tut mir überaus gut. Mir ist es so wohl, daß man mir meine Ruhe läßt! Ich könnte ruhig so absegeln ins bessere Jenseits, wie ich jetzt bin. Manchem würde ich dadurch Leid bereiten, aber auch das wäre nur vorübergehend. Einmal kommt es ja doch. Ob fünf oder zehn Jahre früher, ist völlig Nebensache.

◻

Übrigens habe ich mit dem Leben abgeschlossen; ich hätte gar nichts dagegen, wenn ich aus dem Gefängnis nie mehr herauskäme. Ich betrachte meine Lebensaufgabe jetzt als erfüllt.

Das eine kann ich ruhig sagen: Langweilig war mein Leben nicht. Ich glaube, daß vieles unglaublich scheint, was ich erlebt habe. Wenn nur der liebe Gott halbwegs mit mir zufrieden ist, dann ist ja alles gut.

□

Ein einsamer Mensch war ich trotz des äußeren riesigen Umtriebs mehr oder weniger immer; auch das kommt mir zustatten. Jetzt habe ich wirklich nichts und niemand mehr — als den lieben Gott. Und das ist genug, ja übergenug. Wenn das die Menschen doch einsehen wollten. Es gäbe viel mehr Glückliche auf Erden. — Ich suche jeden Gedanken an Vergangenheit und Zukunft auszuschlagen und mich vollständig auf mein Tagewerk zu konzentrieren — dann habe ich meine Ruhe. So geht ein Tag nach dem anderen vorbei, unglaublich schnell! So hoffe ich, bereit zu sein, wenn der Herr ruft.

□

Das eine Gute haben die Verhältnisse jedenfalls mit sich gebracht, daß ich dem lieben Gott in den letzten stillen Wochen innerlich um ein gutes Stück näher gekommen zu sein glaube und daß ich in demselben Ausmaß von allen irdischen

Dingen seelisch abgerückt bin. Ich kann Gott dem Herrn dafür nicht dankbar genug sein. Und so mache ich mir um meine Zukunft nicht die geringste Sorge. Ich lege alles in Gottes Hand.

□

Nur beten und opfern hilft. Das ist unsere Waffe, mit der wir den Sieg für das Reich Gottes erringen.

Der Schlüssel zur Heiligkeit

Napoleon sagte einst: »Jeder Soldat trägt den Marschallstab im Tornister.« Bei uns heißt es: Jeder trägt die Heiligkeit im Tornister. Niemand kann sagen: »Heiligkeit ist zu hoch für mich.« Es gehören dazu keine auffallenden Heldentaten, kein besonderes Lebensalter, keine bestimmten Verhältnisse und kein todernstes Gesicht. Nach außen merkt man gar nichts; freilich, mit der Zeit wird es durchdringen. »Gott im Herzen und Gott vor den Augen« — in diesem Wort liegt der Schlüssel zur Heiligkeit.

Martyrium ist Gnade

Bedenken wir doch, daß die Martyrer ganz gewiß auch im Kleinen und Kleinsten treu und gewissenhaft waren und daß gerade dies ihnen vielleicht die Gnade des Martyriums erwirkte. Denn das Martyrium ist eben eine Gnade! Machen wir uns das recht klar! Darum wäre es verkehrt, wenn wir uns jetzt immer vorstellen würden, wie das jetzt wäre, wenn wir eingesperrt und lebendig verbrannt würden. »Ach«, denken wir, »das könnte ich nicht aushalten, da würde ich verzweifeln.« Ja freilich könnten wir das nicht aushalten, aber wenn Gott die Gnade dazu schenkt, dann halten wir es aus als Martyrer. Und die Vorbereitung für diese Gnade besteht in der treuen und gewissenhaften und pünktlichen Erfüllung unserer kleinen und kleinsten Pflichten.

Was das Wichtigste ist

Das ist das Erste: Gott aus ganzem Herzen zu lieben. Nicht so, daß der liebe Gott halt auch so ein wenig mitkommt, nein, unsere ganze Liebe soll ihm gehören. Es ist nicht das Wichtigste, daß man eine glänzende Stellung bekommt oder einer ausgezeichneten Gesundheit sich erfreut, nein, das Wichtigste ist, daß wir Gott lieben! Ein Mensch, der Gott liebt, ist schon aus diesem Grunde gewissenhaft in seiner Arbeit; er liebt seine Heimat; er liebt seinen Nächsten; er ist treu seinem Vaterland; dann gibt es in manchen Menschenherzen vielleicht einmal im Leben, vielleicht auch manchesmal eine besondere Gnadenstunde, wo mit einem Male nur mehr Gott vor der Seele steht und die Liebe zu ihm das ganze Herz ausfüllt. Ströme der Wonne durchfluten da die Seele des Menschen, er fühlt ganz deutlich, daß er von der Liebe Gottes erfüllt ist. Nicht alle Menschen erfahren das, es ist nicht für den Durchschnittschristen, aber wenn ein Mensch still und ruhig sich bemüht, voll guten Willens, Gott nahe zu kommen, wenn er seine ganze Liebe Gott schenkt, dann kann es sein, daß er eine solche Gnadenstunde erlebt, solch unaussprechliche Wonne.

Vom rechten Beten

Es gibt Menschen, die beten so, als sprächen nicht sie, sondern der, der vor langer Zeit das Gebet verfaßt hat, mit dem lieben Gott. Sie erfassen es nicht mit dem Herzen. Das ist falsch!

Machen wir das Kreuzzeichen nicht gedankenlos! Mit dem Herzen müssen wir dabeisein!

□

Machen wir doch keine gewaltsamen Anstrengungen, daß wir trotz aller Müdigkeit ein Gott wohlgefälliges Gebet zusammenbringen. Wenden wir doch nur immer ruhig und fest unsere Gedanken auf ihn und seien wir sicher, daß auch ein solches Gebet ihm gefällt, und wenn es auch noch so schlaftrunken ist.

Über das Rosenkranzgebet

Die Rosenkranzandacht ist eine der volkstümlichsten Andachten, die wir haben. Aber das Rosenkranzgebet ist manchen Angriffen ausgesetzt. Man sagt, das sei ein geistloses Geleier; man meint, immer das gleiche zu beten, das könne man vernünftigen Menschen nicht zumuten. Das sind Leute, die das Rosenkranzgebet nicht verstehen.

Wer es so betet, wie die Kirche es uns nahelegt, der wird bald herausfinden, daß das Rosenkranzgebet reich ist an Abwechslung, reich an Schönheit, reich an Segen und Gnade; denn die Kirche

hat das immer gewünscht, daß das Rosenkranzgebet betrachtend gebetet werden soll. Es ist das
eine wunderschöne Verbindung zwischen münd-
lichem und betrachtendem Gebet. Der heilige Augustinus machte die Bemerkung, daß jedes solide,
wahre, echte Gebet etwas von einer Betrachtung
haben müsse, und das ist am schönsten verwirk-
licht im Rosenkranzgebet.

Wenn das Beten schwerfällt

Im Gebetsleben sich auf der Höhe zu halten,
ist nicht leicht. Ich weiß, wie schwer viele sich
dabei tun! Aber überaus tröstlich ist und bleibt,
daß der liebe Gott nur von uns verlangt, daß
wir uns ehrlich Mühe geben. Alles andere tut
der liebe Gott in seiner unermeßlichen Güte selber. Gott der Herr will, daß wir unsere Hilfs-
bedürftigkeit demütig vor ihm bekennen, um
dann stammelnd uns an ihn zu wenden. Werden
unsere Gedanken von ihm abgezogen, so suchen
wir zu ihm unsere Gedanken, unseren Geist wieder hinzuwenden, sobald uns die Zerstreuung
zum Bewußtsein kommt. Wenn wir die Zeit des
Gebets nur damit zubringen, uns immer aufzu-
raffen, so wäre unser Gebet doch vor Gott kost-
bar und segenbringend.

Wer so den lieben Gott treu und gewissenhaft sucht, der wird ihn sicher finden. Es kommt vor, daß Gott einen treuen Diener mit seiner fühlbaren Gnade hienieden heimsucht, als Lohn und zum Zeichen, daß er mit ihm zufrieden ist. Plötzlich, ohne jede äußere Veranlassung, durchfluten da Ströme beseligendster Wonne das Herz des Überglücklichen; die Seele hat ein Meer unbeschreiblicher Seligkeit. Das ist ein ganz kleines Vorspiel dessen, was die Menschenseele im Reich des ewigen Lichtes einmal erwartet.

Alle unsere Anmutungen und Vorsätze, alle unsere Schwierigkeiten und Versuchungen, alle unsere Kämpfe und Leiden, alle unsere Sorgen und Ängste legen wir mit unermeßlichem, unerschütterlichem Gottvertrauen nieder in das Herz unseres Erlösers. Wenn Gott mit uns ist, wer ist dann gegen uns?

Lohn des Herzensopfers

Wer gegen Versuchungen und Schwächen ankämpft und sich ernstlich überwindet, der wird gerade aus solchen Schwierigkeiten großen seelischen Nutzen ziehen. Zum Lohn für solche Herzensopfer, die man dem Heiland zuliebe bringt, wird der Herr uns seine beglückende Liebe schenken in einem Ausmaß wie vielleicht noch nie in unserem Leben. Je mehr wir für den Heiland opfern, um so tiefer wird unsere Christusverbundenheit, um so freier werden wir allem Irdischen gegenüber, um so glücklicher in unserem Berufsleben, um so segensreicher in unserer Arbeit.

Die Unruhe kommt nicht von Gott

Alle Unruhe, von der ein Mensch, der es ehrlich mit Gott meint, gequält wird, kommt nicht von Gott.

□

Wir leben und arbeiten in der Welt. Da kommen allerhand Gedanken, das hat aber mit Sünde nichts zu tun. Da ja nicht ängstlich sein! Gefährlich wird es erst, wenn wir uns freiwillig und bewußt in dieser Gedankenwelt aufhalten.

Sakrament des Friedens

Wie wunderbar schön hat doch der Heiland das Bußsakrament eingesetzt. »Friede sei mit euch! Wie mich der Vater gesandt hat, so sende ich euch.« Und er hauchte sie an und sprach: »Denen ihr die Sünden nachlassen werdet, denen sind sie nachgelassen, und denen ihr die Sünden behalten werdet, denen sind sie behalten.« Ein Sakrament des Friedens. Friede soll es den Menschen bringen, den Herzensfrieden soll es im Menschen erhalten, nicht sie quälen. Wie töricht sind doch die Menschen: Es wird als etwas rein Negatives betrachtet, und es liegt soviel positiver Wert darin: »Friede sei mit euch!«

Herr, wie du willst

Dieses Gebet hat mir in schwerster Zeit viel Kraft gegeben:

Herr, wie du willst, soll mir geschehn,
und wie du willst, so will ich gehn,
hilf deinen Willen nur verstehn.

Herr, wann du willst, dann ist es Zeit,
und wann du willst, bin ich bereit,
heut und in alle Ewigkeit.

Herr, was du willst, das nehm ich hin,
und was du willst, ist mir Gewinn,
genug, daß ich dein Eigen bin.

Herr, weil du's willst, drum ist es gut,
und weil du's willst, drum hab ich Mut,
mein Herz in deinen Händen ruht.

CHRISTLICHES LEBEN

Das Ziel

Die Hauptaufgabe des Lebens oder noch besser das Lebensziel des Menschen ist: Gott zu dienen und das Heil der unsterblichen Seele sicherzustellen. Das schließt in sich gewissenhafteste Erfüllung seiner Pflichten gegen die eigene Familie, gegen die Mitmenschen, gegen Volk und Staat bis zur Hingabe des eigenen Lebens.

Es macht nichts, wenn man nicht alles weiß

Stürzen wir uns nicht so heißhungrig auf jede Nachricht; es macht gar nichts, wenn man nicht alles weiß. Wenn etwas Besonderes ist, das hören wir schon. Also nicht so abhängig sein von den Nachrichten. Es ist nicht gut, wenn man von den aufregenden Gerüchten so zerzaust wird. Es wirkt schlecht auf den ganzen Geist, wenn man zuviel nach solchen Nachrichten hascht, da wird unser Verhältnis zum lieben Gott getrübt. Die Hauptsache ist, daß wir tüchtig in unserem Beruf bleiben und mit dem lieben Gott wärmste Verbindung aufrechterhalten.

Nicht anstecken lassen!

Die ganze Einstellung vieler Menschen ist sinnlich; sie leben in diesen Gedankengängen, sie sprechen davon bei jeder Gelegenheit, sie lesen darüber alles mögliche widernatürliche, schamlose Zeug, und so legen sie wiederum in alles, was sie sehen und hören, mit Vorliebe diese Gedanken hinein. Wenn früher ein Mädchen lustig war, da hat niemand Anstoß genommen, aber jetzt vermuten manche Leute gleich etwas dahinter.

Es kann viel Gutes geschehen, wenn die Leute bei uns sehen, daß wir moralisch Schlechtem tatsächlich durchaus fernstehen und eine absolut ideale Auffassung haben. Wir stehen zwar mitten drin im Leben und wir sollen unter den Menschen leben, aber wir wollen uns mit allen Kräften dagegen wehren, von den moralisch seichten Auffassungen unserer Mitwelt uns anstecken zu lassen. Darum ist es wichtig, auch den Schein des Bösen zu meiden. Ich gebe zu, daß man nicht allen bösen Schein meiden kann, ohne unnatürlich zu werden und ohne manche Menschen abzustoßen, die wir nicht abstoßen dürfen. Aber wir müssen doch aufpassen, daß die Menschen mit Grund an unserem Benehmen kein Ärgernis nehmen können.

Ordnung und Sauberkeit — in uns und um uns

Ich habe auch einmal einen Spleen bekommen und mir gesagt: Jetzt will ich einmal Weltverachtung üben; also jetzt — wenn der Kragen einmal so oder so sitzt oder wenn man auch einen Rock anhat, der nicht sitzt, der zu kurz oder zu weit ist, das ist ganz egal; die Leute sollen denken, was sie wollen. Aber Gott sei Dank, ich habe einmal davon verlauten lassen, da sagte ein vernünftiger Mensch: »Was machen Sie denn da? Da sind Sie ja gar nicht mehr der, der Sie eigentlich sind. Das ist gekünstelt, und das merkt man.«

Gerade deshalb, weil manche geistliche Herren auf das Äußere nicht achten, verlieren sie den Einfluß bei soundso vielen. Da sagen die Leute: »Da sieht man, daß die Kirche kulturell rückständig ist, da braucht man bloß die Geistlichen anzusehen. Und das wollen die Führer des Volkes sein? Denen soll man sich anvertrauen? Unmöglich!« So sind die Menschen. Man kann's nicht ändern.

Es ist keine Frage, daß wir für Reinlichkeit und Sauberkeit in uns und um uns herum gewissenhaft Sorge tragen müssen. Damit frönen wir nicht der Eitelkeit, sondern wir üben nur die Tugend der Reinlichkeit, und das ist auch eine Tugend. Zum Familienleben gehört Ordnung, Sauberkeit und Reinlichkeit. Finden wir das irgendwo nicht, dann finden wir keine christliche Familie. Im Schmutz verkommen die Menschen, nicht bloß äußerlich, sondern zum großen Teil auch innerlich — nicht immer, das möchte ich ausdrücklich betonen; aber im allgemeinen kann man das sagen.

Ehrlichkeit

Ehrlich nennt man den, der fremdes Eigentum unter keinen Umständen und nie antastet. Ehrlich nennt man auch den, der so spricht und äußerlich sich so benimmt, wie er denkt. Wohl darf man nicht immer alles sagen, weil dadurch leicht die Liebe verletzt wird und andere schlimme Folgen dadurch entstehen können. Es gibt freilich auch Fälle, wo man mit Rücksicht auf höhere Güter, die bedroht sind, die ungeschminkte Wahrheit sagen muß, selbst auf die Gefahr hin, dadurch sich schwer zu schädigen.

Tüchtige Arbeit setzt sich durch

»Es bleibt immer etwas hängen« — dieser alte Spruch gilt auch im guten Sinn. Selbstlose, tüchtige Arbeit setzt sich auf die Dauer immer durch. Sie erzwingt sich Anerkennung wenigstens bei Menschen, die noch einen gesunden Menschenverstand und ein natürlich empfindendes Herz haben.

Autorität muß sein

Es ist geradezu auffallend, mit welcher Unverschämtheit die Autorität verachtet und abgelehnt wird. Man kann es oft gar nicht verstehen, wie frech schon junge Menschen sein können und wie sie oft wenig oder gar kein Autoritätsgefühl besitzen. Man findet jetzt schon eine Auflehnung gegen die Autorität sogar bei kleinen Kindern. Es ist unglaublich, daß die Eltern nicht sehen, was für ein Kreuz sie sich an den Kindern heranziehen, wenn sie so auf sich herumtreten lassen, wenn sie selber hinnehmen, wie ihnen die Kinder den Gehorsam verweigern.

Und doch ist im Menschenleben alles auf der Autorität aufgebaut. Der junge Mensch kennt sich ja selber nicht aus, er weiß noch nicht, welche Konsequenzen sein Handeln hat, man kann es auch nicht von ihm verlangen. Die Jugend hat ein Recht darauf, unüberlegt zu handeln; aber gerade deshalb hat der liebe Gott uns in den Eltern eine

Autorität gegeben, die uns leiten und führen soll. Ohne Gehorsam aber hat die Autorität keinen Wert. Wenn der Lehrer keine Autorität hat, wie kann er den Kindern etwas beibringen? So ist es in der Familie, in der Gemeinde, im Staat. Es muß jemand dasein, der anordnet, und jemand, der es ausführt.

Gehorsam und gutes Beispiel

Was den Gehorsam für gewöhnlich sehr erschwert, ist, daß wir an den Charakter und das Tugendleben der Vorgesetzten häufig zu hohe Anforderungen stellen; die Vorgesetzten sollen Heilige, mindestens halbe Heilige sein. Sind sie das nicht, sehen wir an ihnen Fehler, Unebenheiten, Mängel, dann fühlen wir uns sehr enttäuscht, ja noch mehr, das ganze Gebäude des Gehorsams droht ins Wanken zu kommen. Ein solcher Gehorsam ist auf einer total verkehrten Grundlage aufgebaut; er hat als Fundament nur die natürlichen guten Eigenschaften der Vorgesetzten. Sind diese Eigenschaften nach der Meinung der Untergebenen nicht vorhanden oder nicht in genügendem Ausmaß vorhanden, dann ist der Zusammenbruch des Gehorsams da. Der Gehorsam muß aber aus dem Glaubensgeist hervorgehen, der uns lehrt, daß wir in den Vorgesetzten Gottes Stellvertreter sehen müssen. Dann haben die Anordnungen des rechtmäßigen Vorgesetzten auch dann verpflichtende, bindende Kraft, wenn dem Vorgesetzten manche natürlichen guten Eigenschaften fehlen sollten.

Die Untergebenen haben also die Pflicht, um Gottes Willen den Vorgesetzten zu gehorchen, auch wenn die Untergebenen manches Fehlerhafte bei den Vorgesetzten wahrnehmen. Aber andererseits haben die Vorgesetzten die Pflicht, die ihnen ihr Amt auferlegt, den Untergebenen mit möglichst gutem Beispiel voranzugehen. Das trägt wesentlich dazu bei, den Untergebenen die Pflicht des Gehorsams zu erleichtern. Der gesunde Menschenverstand sagt es uns, daß es einem Vorgesetzten innerlich zuwider sein müßte, von den Untergebenen Opfer zu verlangen, die man selber nicht bringen will, denselben Lasten aufzuerlegen, die man selber nicht tragen will. Darum sollte der Vorgesetzte ununterbrochen an sich arbeiten, um in seinem inneren und äußeren Leben Fehler und Mängel immer mehr zu beseitigen und im Guten ständig Fortschritte zu machen. Sollte es einmal vorkommen, daß ein Vorgesetzter in einem wichtigen Punkt es an sich fehlen läßt oder gar ein schlechtes Beispiel gibt, so haben die Untergebenen nicht nur das Recht, sondern sogar vielleicht die Pflicht, sich an die übergeordneten Vorgesetzten zu wenden, damit dieselben nach dem Rechten sehen und das Übel beseitigen.

Ich habe es in meinem Leben nie verstehen können, wie einer den ernsten Wunsch haben könnte, Oberer zu werden; denn bei Gott, leicht ist das nicht. Es sei denn, daß einer sich deshalb freut, weil er als Oberer noch reichlicher Gelegenheit hat, sich für andere zu opfern.

Für Obere sowohl als auch für Untergebene gilt das Wort: »Einer trage die Last des andern!«

Über den Zorn

Was versteht man eigentlich unter einem zornigen Menschen? Einen Menschen, der sich aufregt über etwas, was ihm nicht gefällt, was ihm unangenehm ist, der das nicht ruhig und gelassen hinnimmt. Im Unterbewußtsein spielt auch das Gefühl, sich rächen zu wollen, mit. Man sieht das dem Menschen an, er verzerrt das Gesicht, er schreit, er ballt die Hände, er kann die Worte nicht mehr recht formen, und er ist imstande, Gegenstände zu zerschlagen und zu zertrümmern. So äußert sich der Zorn bei einem hemmungslosen Menschen.

Man sollte den Zornigen in den Spiegel sehen

lassen. Es ist abschreckend, was er da sieht; er würde sich entsetzen. Manche Menschen sind so, daß alles wieder gut und in Ruhe ist, wenn der Zornausbruch vorbei ist. Aber andere tragen den Zorn mit sich herum, sie sind wie ein entsichertes Gewehr, sie explodieren gleich beim geringsten Anlaß. Wehe, wenn der Gegenstand ihrer Abneigung sich zeigt! Das ist ein großer Fehler, die Zornmütigkeit mit sich herumzutragen, in sich zu nähren. Der Zornmütige sagt immer: »Der andere ist schuld.« Er wird auch wild, wenn er allein ist; gelingt ihm die Arbeit nicht, so zerstört er sie blindwütend.

Gewiß, es ist da viel Anlage dabei; die Gemütsanlage vererbt sich auf die Kinder zornmütiger Eltern. Das dient als Entschuldigung, aber solch ein Mensch muß da doch alles tun, um diese Anlage zu bekämpfen.

Es gibt auch einen gerechten Zorn, und dieser ist etwas Gutes; den hatte Moses, als er das goldene Kalb zertrümmerte, und den hatte der Heiland, als er die Händler aus dem Tempel trieb. Aber da handelte es sich um die Ehre Gottes und nicht ums eigene gekränkte Ich. Man muß auch beim gerechten Zorn immer die rechte Form wahren, nie darf man da den Leidenschaften die Zügel schießen lassen.

Was für Folgen hat der Zorn? Er schadet der

Gesundheit; er treibt die Galle ins Blut, er schädigt das Herz und damit den ganzen Organismus. Die Kirchenväter sagen: »Wie ein Wurm die Wurzeln des Baumes zernagt, so zernagt der Zorn den Faden des Lebens.«

Der Zorn verdunkelt den Verstand: Solch ein Mensch sieht nicht mehr klar, er übertreibt, macht aus einer Kleinigkeit wunder was Großes. Er ist wie ein von Leidenschaft verblendeter Richter: Er kann kein gerechtes Urteil fällen. Der Zornige kann nicht mehr ruhig denken und urteilen, er übertreibt und wird ungerecht gegen seine Mitmenschen. Nie soll man in der Erregung ein Urteil fällen. Vorgesetzte sollen nie in der Aufregung etwas anordnen, denn der Zorn ist ein schlechter Ratgeber!

Der Zorn macht verhaßt unter den Menschen. In der Gesellschaft eines Zornmütigen ist es ungemütlich; den meidet man. Mit Recht hat man die Zornigen nicht gern. Darum ist es sehr wichtig, daß ein Mensch, der mit solcher Anlage in einer Gemeinschaft lebt, alles tut, um seine Zornmütigkeit zu überwinden. Wenn man diese Anlage hat und den Zorn aufsteigen spürt, dann lieber das Gespräch abbrechen und verschieben auf ein anderes Mal.

Zu einem zornigen Menschen hat man auch kein Vertrauen, da hat man Angst, daß er einen anfährt, man hat Angst vor der Strafe. Hat ein solcher Mensch einen richtig abgekanzelt, dann meint er voll Genugtuung: »Der oder dem hab' ich's aber jetzt gesagt!« — Oh, da hat man sich immer vertan, wenn man im Zorn so herausschimpft. Vorgesetzten gegenüber kann das ganz bös werden. Da wird nichts gutgemacht, wenn man zornig jemand die Meinung sagt, da blamiert man sich nur; da kommt nichts Gutes dabei heraus.

Fehler sind alle Zornausbrüche. Wir geben dabei zu erkennen, daß wir den Leidenschaften in uns freien Lauf lassen. Dazu kommt dann auch immer das Ärgernis den Menschen gegenüber. Da müssen wir alles tun, um diese Anlage zu bekämpfen.

Wie soll man gegen den Zorn kämpfen?

1. Nichts sprechen, wenn man zornig ist, da nichts sagen, das ist das Allerbeste, was man machen kann. (Ein Weiser riet einmal einem Fürsten, er solle die 24 Buchstaben des griechischen Alphabetes durchdenken, ehe er im Zorn eine Antwort gibt.)

2. Nicht handeln, bis man ruhig geworden ist; vor allem keine Briefe schreiben. Ein Brief, in der Wut geschrieben, richtet Fürchterliches an! Also keine Briefe schreiben, besonders nicht an die Vorgesetzten! Etwas anderes ist es, wenn man

sich alles vom Herzen schreibt, aber das nie fort-
schickt, sondern verbrennt; also höchstens schreiben zur Entladung.

3. Das Partikulare ist das beste und einzige
Mittel, um in der Überwindung dieses Fehlers
voranzukommen. Also jeden Tag ein paarmal
daran denken, daß wir vernünftig und ruhig sein
wollen.

4. Das Gebet. Dem Heiland dürfen wir ja alles sagen, zu ihm dürfen wir alles tragen. Wie er
auf das Bitten der Jünger den Seesturm stillte, so
kann er auch dem Sturm in unserer Seele gebie-
ten, wenn wir ihn bitten.

5. Nicht die Sonne untergehen lassen über unserem Zorn, wieder gutmachen, was wir gefehlt
haben. Das muß keine langatmige, konstruierte
Entschuldigung sein, die man mühsam heraus-
gackst, aber ein liebes Wort, ein Zunicken; kurz:
ein Gutsein.

Wenn wir Kinder zu betreuen haben und wir
bemerken da die Anlage der Zornmütigkeit (oder
auch bei Jugendlichen), so müssen wir alles dar-
ansetzen, um sie dazu zu bringen, daß sie dagegen ankämpfen. Das ganze Leben kann sonst
solch einem Menschen zerstört sein, und da müssen wir alles tun, um das zu verhindern.

Tapfer sind die Sanftmütigen

Selig die Sanftmütigen. Das gilt nicht denen, die zu bequem und zu träge sind, um zornig werden zu können — das ist rein natürlich und keine Tugend —, sondern denen, die sich in Selbstüberwindung und Geduld üben, in Prüfungen, die den Zorn wirklich erregen. Sie sind Herren ihres Herzens. Sie sind am tapfersten, weil sie sich selber überwinden. Die bezwingen auch andere Herzen. Die Menschen neigen sich denen zu und schenken dort ihr Vertrauen, wo sie wissen, daß man ruhig bleibt, selbst wenn man alles sagt.

Von der rechten Trauer

> *»Selig sind die Trauernden, denn*
> *sie werden getröstet werden.« Mt 5,4*

Wer gehört zu den Trauernden, die nicht selig gesprochen werden?

1. Die Melancholiker, die immer traurig sind, weil sie so veranlagt sind und sich nicht Mühe geben, über diese Stimmung hinwegzukommen, die herumlaufen, wie wenn sie Spinnen gegessen hätten.

2. Diejenigen, die sich dem Weltschmerz in die

Arme werfen, die nicht wissen, was sie wollen. Diejenigen, die im Kloster sind und immer wieder Verlangen haben, in der Welt zu sein; die, wenn sie heute wieder herausgehen, morgen denken: Wär' ich doch im Kloster geblieben!

3. Solche, die geradezu aus Verzweiflung trauern. Sie haben keinen Glauben mehr an das Jenseits, darum wollen sie das Diesseits in das Paradies verwandeln.

Wer sind diejenigen, die selig gepriesen werden wegen ihrer Trauer?

1. Solche, die trauern über ihre eigenen Sünden. Das ist etwas Gutes, wenn man es vernünftig macht. Man denke an die Trauer des Apostels Petrus! Es war ihm bitterernst. Jetzt ging es aber auch bergauf mit ihm. Von König David wissen wir auch, daß er schwere Buße getan hat. »Meine Tränen fließen wie Wasserbäche, denn ich habe das Gesetz Gottes übertreten.« Die Trauer über frühere Fehler tut dem Menschen gut, sie bewahrt ihn vor Rückfällen und erhält ihn in der Demut. Es fördert uns in der Grundstimmung vor Gott, daß wir uns ihm gegenüber ganz klein vorkommen und ganz auf seine Gnade angewiesen sind.

2. Solche, die trauern über fremde Sünden. Das ist etwas Schönes. Es soll uns anspornen, mit neuem Mut zu arbeiten und zu schaffen, um die Menschen von ihren Sünden loszureißen und wie-

der zu Gott zu führen. Durch unser Mühegeben, Kämpfen, Opfern und Beten soll der gute Einfluß gestärkt und dadurch viel Ärgernis gutgemacht werden.

3. Solche, die trauern, daß sie noch in diesem Tränental sein müssen, die Sehnsucht haben nach dem himmlischen Vaterland. Es kommt über diejenigen, die sich einmal Einblick in das Wesen und die Schönheit Gottes verschafften. »Wie ekelt mich die Erde an, wenn ich des Himmels gedenke« (Ignatius). Es wäre eine falsche Nutzanwendung, sich tatenlos diesem Schmerze zu überlassen. Solange der liebe Gott mich noch hier läßt, muß ich mich rühren, damit noch viele Menschen das Reich der ewigen Seligkeit erlangen.

4. Solche, die den ganzen Lebensernst in sich aufgenommen haben, die wissen, um was es geht, für sich und andere. Die nicht nur auf unerlaubte Freuden verzichten, die sich auch den erlaubten nicht in die Arme werfen.

Alle diese werden selig gepriesen. Schon hienieden wird der liebe Gott eifrige Menschen, die für ihn leben, mit seinem Troste beglücken. Wenn man sich abends sagen kann: »Ich habe mir Mühe gegeben, so gut es geht«, da überkommt einen ein wohliger Friede, der Friede des guten Gewissens. Freilich kommen auch Stunden, Tage und Monate der Prüfung. Aber sie gehen vorüber.

Dann kommt die Zeit des Trostes in der anderen Welt. In der Heiligen Schrift heißt es: »Gott selbst wird eure Tränen abwischen!« Er selbst wird die Menschenseele beglücken und trösten. Wenn es uns hier auf Erden auch ganz gut geht, man merkt doch immer, daß man unter dem menschlichen »Weh« und »Ach« zu leiden hat. Ganz getröstet werden wir erst im Himmel, und die Zeit der Erdentage geht doch schnell vorüber. Die Seligkeit kommt schneller, als wir glauben.

Geschenke

Vergessen Sie nie: Wenn man sich etwas schenken läßt, verliert man seine Unabhängigkeit. Ich helfe mir immer so, daß ich sage: »Wenn Sie mir etwas geben wollen, geben Sie mir's für die Armen, da machen Sie mir die größte Freude.«

Vom Almosengeben

Wer noch nie angeschmiert wurde, hat auch noch nichts Gutes getan.

◻

Wenn von zehn, die um ein Almosen bitten, neun sind, die es nicht bräuchten, und ich würde ihretwegen den einen, der es wirklich braucht, übergehen, so täte mir das unendlich leid; lieber gebe ich allen zehn, dann kann so etwas nicht vorkommen.

Armut der Ordensleute — ein Zeichen

Das Grundübel ist und bleibt die materialistische Einstellung der Menschen. Der Egoismus, das ungeordnete Streben nach Besitz, nach einem luxuriösen Leben hat die weitesten Volkskreise ergriffen. Was man tut, dafür will man bezahlt sein. Da ist etwas daran, was wir durchaus billigen. »Der Arbeiter ist seines Lohnes wert«, aber diese »Nur«-Einstellung ist schlimm: Nur soviel Arbeit, als bezahlt wird, und keinen Strich mehr. Man arbeitet nicht aus Liebe zur Arbeit, weil das Arbeiten zum Leben gehört, weil man von Gott den Beruf erhalten hat, weil es notwendig ist, seine Familie zu erhalten, sondern man arbeitet nur, um Geld zu machen und es in Genuß umzusetzen. Das geht so weit, daß die Menschen suchen, möglichst wenig zu arbeiten und möglichst viel herauszuschlagen. Es fehlt jeder ideale Einschlag der Arbeit. Und man kann Menschen gar nicht verstehen, die anders denken, fühlen und tun.

Wie wichtig ist es darum, daß es solche Menschen gibt, die auf dem Boden der Religion stehen und unverdrossen arbeiten und dabei persönlich nichts dafür bekommen. Das ist eine rein ideale Einstellung, wie sie nur das Christentum hervorbringen kann.

Durchhalten!

Nie dürfen wir für einen faulen Frieden eintreten. Wenn es um Dinge geht, die Gott gebietet, müssen wir durchhalten, auch wenn es Kampf und Streit gibt. Wo die Interessen Gottes in Frage stehen, hört der Friede auf!

Woher uns Rettung kommt

Die Rettung unseres Volkes kommt nicht vom Ausland, sie muß kommen von uns selbst. Sie kommt aber auch nicht von der Verfassung, den Gesetzen, den Strafbestimmungen, also von äußeren Hilfsmitteln, sondern sie muß kommen von innen heraus. Die Erneuerung des Volkes muß eine Herzenserneuerung sein, eine Umwandlung des inneren Menschen. Diese Herzenserneuerung muß bestehen in einer gründlichen Abkehr von der Gottlosigkeit, von reinem Diesseitskult und in einer herzhaften Rückkehr zum Gottesglauben, zum Geist des Christentums ... Hier muß der Hebel angesetzt werden, sonst ist unser Volk dem Untergang geweiht.

Blick in die Zukunft

Was für Arbeiten für die Zukunft auf uns harren, das wissen wir nicht. Das weiß kein Mensch, wie alles sich gestalten wird. Das ist aber auch schließlich Nebensache. Die Hauptsache ist, daß wir arbeiten für das Reich Gottes und daß wir zusammenhalten wie Stahl und Eisen und unsere letzten Kräfte einsetzen. Lassen wir uns von keiner Macht der Erde von dieser Richtung abbringen. Dann wird auch der Segen Gottes auf uns ruhen.

DIE ANDERE WELT

Vorspiel der Seligkeit

Wer den lieben Gott treu und gewissenhaft sucht, der wird ihn sicher finden. Es kommt vor, daß Gott einen treuen Diener mit seiner fühlbaren Gnade hienieden heimsucht als Lohn und zum Zeichen, daß er mit ihm zufrieden ist. Plötzlich, ohne jede äußere Veranlassung durchfluten da Ströme beseligendster Wonne das Herz des Überglücklichen. Die Seele hat das Gefühl, als ob sie für Augenblicke untergetaucht würde in ein Meer unbeschreiblicher Seligkeit.

Das ist ein kleines Vorspiel dessen, was die Menschenseele im Reich des ewigen Lichtes einmal erwartet.

Gott sieht auf das Herz allein

Daß der Heiland kommt zum Weltgericht, das ist sicher. Es stimmt schon ernst, wenn man daran denkt, daß es dieses Gericht gibt und daß alle Menschen darin gerichtet werden und daß alle Welt davon weiß. Da wird alles aufgedeckt, wovon jetzt niemand eine Ahnung hat. Da denkt sich vielleicht mancher: Das ist aber furchtbar. Es ist mir leid genug, daß ich früher ein leichtsinniges Leben geführt habe; das glaubte ich längst

111

begraben, und nun wird es noch einmal an das Licht gestellt zu meiner Beschämung.

Nein, das ist nicht so. Da wird alles vergoldet und verklärt. Was dem Menschen zur Beschämung gereicht, das sind ungebüßte und ungesühnte Verbrechen. Was gesühnt ist, ist deshalb so schön, weil darin die Güte Gottes wunderbar zum Ausdruck kommt, zur Verherrlichung Gottes, wie sie wunderbarer nicht gedacht werden kann.

Für uns ist es eine ernste Mahnung, gewissenhaft unsere Pflichten zu erfüllen, nicht nur nach außen, sondern der Gesinnung nach. Das Äußere kann stimmen, aber Gott sieht auf das Herz allein. Meine Lieben, das ist das Wichtigste. Dies ist eine Mahnung für alle Menschen ohne Ausnahme: in unserem Innern nach dem Rechten zu sehen und ein innerliches, religiöses Leben zu führen. Die äußeren Werke sind notwendig, aber sie müssen geschehen in der rechten Absicht, sie müssen herausquellen aus einem reinen, gottgefälligen Herzen. Fehler haben wir immer gemacht und werden immer wieder vorkommen; wenn nur der Wille ehrlich gut ist — darauf kommt es an.

Die Höllenpredigt (1919)

Die bitterste Frucht der schweren Sünde ist die Hölle. Und das sei der Gegenstand unserer heutigen Betrachtung.

Ich kann euch versichern, daß es mir keine Freude macht, anderen Menschen Furcht, auch wenn es eine heilsame Furcht ist, einjagen zu müssen. Aber es geht mir hier wie einem guten Vater, der auch manchmal seinen Kindern unangenehm werden muß. Augenblicklich ist es den Kindern recht peinlich, aber später, wenn die Kinder einmal den Verstand bekommen, dann sind sie froh, daß der Vater dann und wann unangenehm geworden ist.

Es gibt eine Hölle

Wer sagt uns denn das? Das sagt uns einmal die Vernunft und dann der Heiland selber. Kurz einen Gedanken, der uns das klarmachen muß: Die Stimme des Gewissens sagt es uns, daß es Gesetze gibt, die eingeschrieben sind in die Herzen der Menschen. Und diese Gesetze können nur stammen vom ewigen Gesetzgeber, von Gott. Also Gott ist es, der diese Gesetze dem Menschengeschlecht gegeben hat. Ein vernünftiger Gesetzgeber aber, der muß nun doch darauf bedacht sein, daß seine Gesetze auch beobachtet werden. Das wäre mir ein trauriger Gesetzgeber, der nur Gesetze macht und dem es gleichgültig wäre, ob sie Beobachtung finden oder nicht. Und deswegen: Wenn Gott der Herr Gesetze gegeben hat, dann muß er auch Lohn und Strafe festsetzen für die, welche die Gesetze beobachten und übertreten. Das nennt man die Sanktion eines Gesetzes. Ohne Sanktion hat das Gesetz absolut keinen Sinn und keinen Wert. Fehlt die Sanktion des Gesetzes, so bricht das Gesetz von selber zusammen. Also, Gott der Herr ist der unendlich weise Gesetzgeber, und deshalb mußte er eine Sanktion festlegen, Lohn oder Strafe.

Was uns schon die Vernunft sagt, das sagt uns die Heilige Schrift, das Wort Gottes, in unzweideutiger, klarer Weise. Ich erinnere an das Wort des göttlichen Heilandes: »Weichet von mir, ihr Verfluchten, in das ewige Feuer, das dem Teufel und seinen Anhängern bereitet ist!«

Nun weiß ich wohl, daß es immer Leute gegeben hat, die an diesen Wörtchen herumdrehen und herumdeuteln, und dann heißt es: »Ja, diese Wörter darf man nicht wörtlich auffassen. Dieses Wörtchen ›ewig‹, das bedeutet zwar eine lange, schwere, aber keine endlose Strafe. Dieses Wörtchen muß im bildlichen Sinne verstanden werden.« Aber, meine lieben Zuhörer, alles spricht gegen eine derartige Auffassung.

Einmal spricht der göttliche Heiland ein Urteil. Nun wissen wir aber, daß es eine der ersten Bedingungen ist, die man an ein Urteil stellt, daß das Urteil klar, bestimmt, präzis ausgedrückt wird. Da braucht man keine bildlichen Ausdrükke, sondern Klarheit ist das erste Erfordernis. Das verlangt man schon von einem irdischen Urteil, hier aber handelt es sich um ein Urteil des Weltrichters, um ein Urteil von der allergrößten Tragweite für Zeit und Ewigkeit. Und deswegen konnte der göttliche Heiland, der ewige Richter, keine bildlichen Ausdrücke in dieses Urteil aufnehmen.

Zweitens, und das ist noch einleuchtender: Der göttliche Heiland sagt in demselben Atemzuge: »Diese werden eingehen in die ewige Pein, die Gerechten aber in das ewige Leben.« Nun ist es aber noch keinem vernünftigen Menschen eingefallen, daran zu zweifeln, daß unter dem ewigen Leben die im eigentlichen Sinne des Wortes ewige Glückseligkeit zu verstehen sei. Ja, wenn ich aber dieses Wörtchen in diesem Falle so auffassen muß, wer gibt mir dann das Recht, wenn es sich um die ewige Strafe handelt, zu sagen: »Aber diesmal muß es im bildlichen Sinne verstanden werden«?

Das ist gegen die Ehrlichkeit. Das kann man

mit ruhigem Gewissen nie und nimmermehr vertreten. Und wer möchte an der wahren Bedeutung dieser Worte noch zweifeln, wenn der göttliche Heiland die Erklärung selbst dazu gibt? Ich erinnere euch an die Worte: »Wenn dich deine Hand ärgert, so haue sie ab und wirf sie von dir, denn es ist besser, verstümmelt in das ewige Leben einzugehen, als zwei Hände zu haben und in die Hölle zu kommen, wo der Schmerz und das Feuer nicht erlischt.« Nun aber frage ich euch: »Was für ein Feuer ist denn das, ein unauslöschliches Feuer?« Das ist ein Feuer, das brennt und immer brennt und gar nicht aufhört zu brennen. Aber ein Feuer, das nicht aufhört zu brennen, ist im eigentlichsten Sinne des Wortes ein ewiges Feuer.

Nach diesen klaren Worten über die Ewigkeit der Höllenstrafe, da bleibt für uns nur übrig ein Entweder—Oder. Entweder ist Christus ein Lügner, oder aber es gibt eine ewige Höllenstrafe. Ein Drittes ist ausgeschlossen. Nun aber, meine lieben Freunde: Wenn Christus, die ewige Wahrheit, sagt: »Es gibt eine Hölle!« — was nützt es dann, wenn ein x-beliebiger Professor auf dem Katheder oder in seinen Schriften mit allen möglichen Mitteln sucht, sich und andere an der ewigen Höllenstrafe vorbeizudrücken? Was nützt dir denn das, wenn Christus, die ewige Wahrheit,

116

sagt: »Es gibt eine Hölle!« Oder was nützt es dir, wenn man in der Werkstätte oder in der Fabrik oder hinter dem Bierglas seine Witze reißt über die ewige Höllenstrafe, ja, was nützt dir denn das, wenn Christus, die ewige Wahrheit, spricht: »Es gibt eine Höllenstrafe!« Darum, meine lieben Freunde, machen wir uns das heute klipp und klar: Christus, die ewige Wahrheit, sagt es uns mit unzweideutiger Klarheit: »Es gibt eine ewige Höllenstrafe.«

Aber man sagt da: »Gott ist doch gerecht, und er kann doch eine Sünde, einen Fehler, eine augenblickliche Verfehlung, nicht bestrafen mit einer ewigen Strafe. Die Strafe, die muß doch angemessen sein dem betreffenden Fehler, der Schuld.« Jawohl, das sagen wir auch. Die Strafe muß der Schuld angemessen sein, aber doch nicht der Zeitdauer der Schuld. Sonst müßte man einen Verbrecher, der mit ruhiger Überlegung einen Menschen über den Haufen geschossen hat, den müßte man doch auch nur für einige Augenblicke ins Zuchthaus sperren. Wer in aller Welt kann eine solche Rechtspflege verteidigen? Wenn ein Mensch einen andern mordet, dann finden wir es nicht als zu schwer, wenn der Betreffende entweder die Todesstrafe oder eine lebenslängliche Zuchthausstrafe über sich ergehen lassen muß, auch wenn das Verbrechen in einem Augenblick geschehen ist. Also nicht der Zeitdauer des Verbrechens muß die Strafe angemessen sein, sondern der inneren Bosheit des Verbrechens. Und da frage ich euch: »Was für eine Bosheit liegt in der Sünde?« Der schwere Sünder übertritt in klarer Erkenntnis ein ausgesprochenes Gesetz Gottes. Also unendlich heilige Rechte Gottes tritt der Sünder mit Füßen. Er lehnt sich auf gegen die unendliche Majestät Gottes. Das ist aber ein unendliches Verbrechen, es liegt darin eine unendliche Bosheit, und darum eine solche Strafe.

Da kommen nun andere und sagen: »Gott ist doch barmherzig. Wie kann denn Gott eine menschliche Seele ewig unglücklich machen?« Ja, Gott ist barmherzig. Ich kann euch sagen, was ich schon oft gesagt habe: Gott sei Lob und Dank, daß Gott barmherzig ist! Wenn ich heute zu einem Schwerkranken gerufen würde und sich da herausstellte, daß dieser arme Mensch eine Sünde an die andere in seinem Leben gereiht hätte, wenn mir da klar würde, daß sein ganzes Leben eine große Sünde wäre, und wenn ich aber dann sehen würde, daß es dem armen Menschen leid tut, daß es ihm wehe tut, ein solch verfehltes Leben hinter sich zu haben, und wenn ich sehen würde, daß der Mensch nun kleinmütig und verzagt wird, ja, da würde ich zu ihm sagen: »Mein lieber Freund! Haben Sie Vertrauen! Es ist Ihnen ja doch jetzt Ernst. Traurig sieht's ja aus, aber jetzt haben Sie doch aufrichtig guten Willen. Und darum vertrauen Sie. Gott ist barmherzig. Gott ist unendlich barmherzig.«

Aber jetzt kommt die Kehrseite: Wenn ein Mensch nun einfach nicht will, wenn ein Mensch soundso oft die rettende Hand Gottes durch seine eigene große, schwere Schuld von sich gestoßen hat, wenn ein Mensch soundso oft durch schwere Schuld ein Gefäß der Verdammnis Gottes geworden ist? Ja, dann kann sich ein solcher Mensch auch nicht beklagen, wenn an ihm die Furchtbarkeit des göttlichen Gerichtes in ihrer ganzen Strenge in Erfüllung geht. Gott ist barmherzig. Er ist aber auch unendlich gerecht. »Gerecht bist du, o Gott, und gerecht sind deine Gerichte.«

Darum bleibt für uns, die wir auf dem Boden unserer heiligen Religion stehen, nur eines übrig: einen Akt des Glaubens zu erwecken an diese grundlegende Wahrheit des Christentums. Und wenn die Wahrheit auch schrecklich und fürchterlich ist, so ist sie doch eine Wohltat für die Menschen, da sie sich ohne diese Aussicht vor Leichtsinn und Oberflächlichkeit überhaupt gar nicht mehr auskennen würden. Es ist etwas Heilsames um diesen furchtbar ernsten Gedanken. Gott sei Dank, daß der Mensch eine solche Schranke hat, die er vernünftigerweise niemals übertreten kann.

Und darum machen wir einen Akt des Glaubens an diese Grundwahrheit unserer Religion: Ja, mein Gott, ich glaube an die Ewigkeit der Höllenstrafe, weil du es gesagt hast, der du die ewige, unfehlbare Wahrheit bist.

Was ist die Hölle?

Nun braucht ihr keine Sorge zu haben, daß ich euch alle möglichen Bilder vor eueren Augen entrolle. Schaut — ich könnte das gar nicht. Selbst wenn ich es wollte. Weil ich ein viel zu nüchterner Mensch bin, um mich Phantasien überlassen zu können. Es ist auch gar nicht notwendig, derartige Phantasiebilder zu entrollen. Die Hölle ist schrecklich genug, da braucht man nicht viel hinzuzusetzen.

Was macht denn die Hölle so schrecklich? Die Hölle ist schrecklich, weil sie ist ein Ort ohne Gott, weil sie ist ein Ort der Verzweiflung. Die Hölle ist ein Ort ohne Gott. Ich kam einmal in meinem Leben mit einem Herrn zusammen, der auf mich einen sehr betrübten Eindruck machte. Dieser Mann mochte wohl meine Teilnahme bemerkt haben, denn er näherte sich mir und erzählte nun, was er auf dem Herzen hatte. Er sagte mir, daß er sich zu etwas ganz anderem berufen fühlte, aber die Verhältnisse seien so gelagert gewesen, daß er in diesen Beruf hineingedrängt worden ist. Und jetzt fühlte er sich todunglücklich in diesem Beruf. Nun, ich suchte den Mann zu trösten, und es war gar nicht so schlimm, denn es war ein Laie, der neben seinem Beruf noch Gelegenheit genug hatte, seiner Lieblingsbeschäftigung sich zu widmen. Aber da dachte ich mir damals: Wenn es nun einem Menschen so schwer fallen kann, seinen zeitlichen Beruf verfehlt zu haben, wie mag es dann einem Menschen zumute sein, wenn sich ihm die klare, unzweideutige Erkenntnis aufdrängt, daß er seinen ewigen Beruf, daß er seinen eigentlichen Daseinszweck verfehlt hat. Und dies ist unwiderruflich, so daß er gar nicht hinkommen kann, wohin er naturnotwendig hinkommen mußte. Mein Gott, du armer, unglücklicher Mensch! Niemals sollst du deinen eigentlichen Daseinszweck erfüllt sehen.

Was wir nämlich bei allen Dingen wahrnehmen, auch bei irdischen Dingen, daß sie so lange in Unruhe sich befinden, bis sie angelangt sind am Endziel ihres Strebens, das ist auch bei der Menschenseele der Fall. Betrachtet einmal ein Bächlein. Unaufhörlich geht es fort und fort. Es ruht nicht und rastet nicht, und murmelnd scheint es uns zuzurufen: »Zum Meer! Zum Meer!« Betrachtet einen Stein, der sich oben löst im Gebirge.

Mit rasender Schnelligkeit stürzt er in den Abgrund, und im Sturz, da ist es, als ob er ausriefe: »Zum Mittelpunkt, zum Mittelpunkt!« Wer ist nun das Endziel unseres Strebens? Wer ist der Mittelpunkt, dem wir zustreben? Das ist der liebe Gott. Denn er hat uns erschaffen, und er hat uns für sich erschaffen, und »unruhig ist unser Herz, bis es ruhet in dir«. Und wenn sich nun die Seele vom Leibe getrennt hat, da drängt es sie mit unwiderstehlicher Gewalt hin zu Gott, um sich jetzt mit ihrem letzten Ziel zu vereinigen. Und jetzt kommt das entsetzliche Wort: »Zurück! Weiche von mir!« Mit dem Kainsmal der Verwerfung auf der Stirn ist der Verfluchte dazu verurteilt, ruhelos umherzuirren von Ewigkeit zu Ewigkeit. Gott, das letzte Ziel, verfehlt!

Die Hölle ist ein Ort ohne Gott, ohne der Menschen höchstes Gut. Es ist mir einmal passiert, daß eine Familie von heut auf morgen 20 000 Mark verloren hat. Für eine kleine Familie ein großer, schwerer Verlust. Und wenn das den Menschen trifft, dann braucht er einige Zeit, um sich allmählich zu fassen und dieses Schmerzes Herr zu werden. Wenn aber der Tod einen unserer Lieben von der Seite reißt, oh, das ist doch etwas ganz anderes. Wie war mir manchmal im Feld draußen so elend zumute, wie war ich innerlich vollständig zermürbt, wenn ich an den Gräbern der Kameraden stehen mußte, um ihnen den letzten Segen zu geben. Und wenn ich mir den Jammer in der Heimat erst klarmachte! Jawohl, wenn sich das Grab schließt über einem Vater oder einer Mutter oder einem Sohn oder einer Tochter, da ist es den Angehörigen, als ob ein Stück des eigenen Herzens hinabgesenkt würde in das Grab. Dahin ist alle Lebensfreude, dahin ist aller Lebensmut, und es wäre so manchem am liebsten, wenn er mit hineingesenkt werden könnte in diese dunkle Grube.

Nun, wenn dem Menschen ein irdischer, ein zeitlicher Verlust so zu Herzen geht, wie mag es ihm zumute sein, wenn sich ihm die Klarheit aufdrängt, daß er Gott, das einzige, höchste Gut, verloren hat. Denn Gott ist nicht eines dieser irdischen Güter, deren Verlust uns schon so schmerzt, er ist ja das einzige wahre Gut, das alle Vollkommenheiten in sich schließt, und was wir hienieden schon Erhabenes, Liebenswürdiges bewundern, das alles sind nur schwache Abbilder der Größe, der Schönheit, der Liebenswürdigkeit Gottes. Was alle Dinge in unabsehbarer Fülle geteilt besitzen, das vereinigt Gott in sich in seiner unendlichen Vollkommenheit.

Und nun dieses höchste Gut verloren, endgültig verloren, so ganz unwiderruflich, unwiederbringlich! Wohl weiß ich: Solange der Mensch gefesselt ist an seine Sünden und Laster, macht er sich aus diesem Verlust gar wenig. Er hat ja seine liederliche Bekanntschaft, seine liederliche Freundschaft, sein schlechtes Buch, seine lasterhafte Freude. Was kümmert er sich um Gott? Jawohl, mein Freund, so ist es vielleicht noch jetzt. Aber es kommt ein Augenblick, wo sich die Situation vollständig ändert. Es kommt der Augenblick, wo von heute auf morgen dir einfach alles genommen wird, wo alle irdischen Hoffnungen einfach vollständig zusammenbrechen und wo nur eines übrigbleibt: die unwiderstehliche Sehnsucht deiner Seele nach Gott, der Quelle allen Glückes.

Und wie diese Sehnsucht den Menschen herumtreiben muß! Denkt euch einen Menschen, der sich verirrt hat im Hochgebirge, im Felsengebirge. Da treibt er sich herum im Gestein, hinauf, hinab, links, rechts, überall hält er Ausschau nach einem Trunk Wasser, er schreit, er ruft, mutlos bricht er zusammen. Oh, du unglückseliger Mensch, wenn du, das Kainsmal der Verwerfung auf der Stirn, umherirrst in den düsteren Räumen der Ewigkeit, rufend und schreiend nach Gott, der Quelle allen Glückes. Meine lieben Freunde! Ich möchte euch dringend bitten, laßt diese Ausführungen in aller Stille auf euer Herz wirken.

Das ist das Wesentliche der Höllenstrafe: Die

Hölle ist ein Ort ohne Gott, des Menschen letztes Ziel. Sie ist ein Ort ohne Gott, des Menschen höchstes Gut. Und deshalb ist die Hölle schrecklich. Aber all das wäre nicht so grausam, wenn nicht noch etwas dazukäme: Die Hölle ist ein Ort der Verzweiflung, und zwar deshalb, weil die Hölle ewig ist. O Ewigkeit! O Ewigkeit! O fürchterliche Ewigkeit! Schaut, wenn die Hölle nicht ewig wäre, dann hörte die Hölle auf, die Hölle zu sein. Was die Hölle so hoffnungslos und entsetzlich für uns macht, das ist ihre Ewigkeit. Ewig! Ewig! Machen wir uns das doch ein klein wenig klar; denken wir uns, wir wären am Ufer des Meeres und da schöpfte einer mit einer Nußschale das Meer aus. O weh! Wie wenig wird er herausbringen in einem Jahr, in zehn Jahren, in hundert Jahren. Man würde es gar nicht spüren, und darum ist alles nur so wie am Anfang. O Ewigkeit! O Ewigkeit! O entsetzliche Ewigkeit! Wenn im Felde draußen an der Front ein armer Kamerad in der Linie lag, fürchterlich zerrissen, unter größten Schmerzen, und wenn man ihm in dieser Lage so wenig bieten konnte, weil es die Verhältnisse ja unmöglich machten, da habe ich doch neben dem religiösen Trost dem Kameraden noch das eine sagen können: »Nun schau, mein lieber Freund, so wie es jetzt ist, kann es nicht länger dauern. Entweder es wird bald wieder besser, oder aber der liebe Gott nimmt dich zu sich.« Jawohl, das ist ein Trost. Das wird auch jeder verstehen.

Aber das ist ja gerade das Entsetzliche, daß die Hölle ewig ist. O Ewigkeit! O Ewigkeit, o verzweiflungsvolle Ewigkeit! Verzweifeln zu müssen, ohne zu Tode verzweifeln zu können. Das ist nicht auszudenken. Umsonst! Zu spät! Zu spät! Denkt euch, es könnte einer, nachdem er diesen Schrecken gesehen, wieder umkehren. Was für eine Freude und was für einen Eifer würde der Mensch mit herüberbringen in die Welt! Aber zu spät! Wie werden jetzt dem Menschen die Augen aufgehen, den man früher gebeten, den man gewarnt, den man angefleht hat, zurückzukehren, solange es noch Zeit ist. Und jetzt? Und jetzt! Alles zu spät! »Ach Gott! Ach Gott! Wie konnte ich auch so verblendet sein. Wie hat mich schon oft meine Mutter aufmerksam gemacht, daß das zu keinem guten Ende führen wird, wenn das so weitergeht. Wie ernst hat mir nicht auch manchmal mein Vater zugesprochen: ›Wie soll das enden?‹ Und dann meine Frau! Meine Frau, die fromm gewesen ist! Wie hat sie mich doch gebeten, auch etwas in religiöser Hinsicht zu tun und nicht den lasterhaften, leichtsinnigen Kameraden Gehör zu geben.«

Zu spät! O fürchterliches Wort! Mein Freund,

es ist noch nicht zu spät. Für uns ist es noch Zeit. Wie lange, das weiß ganz allein unser lieber Herrgott. Aber ich bitte euch doch um des Heiles euerer unsterblichen Seele willen, laßt doch die Gnadenzeit nicht vorübergehen, ohne ernstlich in euch zu gehen und die Rechnung zu machen mit unserm lieben Herrgott!

Für manchen von uns ist es vielleicht der letzte Gnadenruf, der an ihn ergeht! Mein Freund, ich bitte dich doch um des Himmels willen: Überhör ihn nicht! Nein! Man meint es doch so gut mit dir. Was will man denn eigentlich von dir? Man will doch nur haben, daß du daran gehst, deine unsterbliche Seele zu retten; man will dich wieder aussöhnen mit deinem Herrn, deinem Gott, deinem Schöpfer, damit du nicht zugrunde gehst, sondern damit wir alle miteinander einmal zu denen gehören, die die Barmherzigkeit Gottes loben und preisen dürfen.

Die das Ziel erreicht haben

Aus Beileidsbriefen

Er ist uns vorangeeilt; er hat seine Lebensaufgabe erfüllt und sein ewiges Ziel glücklich erreicht. Was wollen wir noch mehr? Beim Heimgang lieber Menschen ist es wichtig, nicht daran zu denken, was wir verloren haben, sondern sich in den Gedanken hineinzuvertiefen, was der teure Verstorbene gewonnen hat.

◻

Ich habe die Auffassung, daß die geistige Verbindung mit den Lieben, die uns im Leben besonders nahestanden, mit dem Tod keineswegs abgebrochen ist. Mit Gottes Beistand können Sie auch jetzt noch geistigerweise mit der Mutter in Verbindung bleiben und ihr alles sagen, was Sie auf dem Herzen haben. Der liebe Gott hat zahllose Möglichkeiten, Ihnen durch tröstliche Gedanken und gute Anregungen zu raten und zu helfen.

◻

Ich weiß es wohl: Für Dich war der Heimgang der Mutter noch zu früh. Du wirst die Entschlafene sehr vermissen. Es bestand zwischen Deiner Mutter und Dir eine Seelengemeinschaft im schönsten Sinne des Wortes. Das war etwas so Großes, so Ideales, für beide so Fruchtbares, daß sich etwas Derartiges in der Welt wohl selten findet. Aber gottlob: Alles ist Dir durch das Hinscheiden der Mutter nicht genommen. Die geistige Verbindung mit der teueren Verstorbenen ist Dir

ja geblieben. Und diese Verbindung wird nie ab-
reißen. Du wirst an ihr den besten Schutzengel
haben. Und das ist viel wert.

□

»Ich bin die Auferstehung und das Leben. Wer
an mich glaubt, wird nicht sterben in Ewigkeit!«
Ja, es gibt ein Jenseits, ein Wiedersehen! Wie
glücklich sind wir daran! Hätten wir diesen Glauben nicht, was bliebe uns übrig als der stumme
Schmerz der Verzweiflung? Aber gottlob, mit
beiden Füßen stehen wir auf dem Grundsatze
unserer heiligen Religion, und unser Heiland weiß
uns den Weg zu führen in eine andere, bessere
Welt.

Was schlimmer ist als der Tod

Es ist ganz gewiß wahr, daß uns »ohne Gottes
Zulassung kein Haar gekrümmt« wird. Wer nur
dieses Leben zu verlieren hat, der ist freilich
schlecht daran. Wir aber wissen, daß das Leben
zwar ein Geschenk Gottes ist, daß es aber nicht
das Schlimmste ist, wenn man es verliert. Was
erwartet uns auch schließlich noch hier? Es ist
kein Unglück, wenn der liebe Gott uns früher

abberuft, und tausendmal schlimmer ist es, das
Leben der Seele zu verlieren als das Leben des
Leibes. Nur keine Angst! Lassen wir uns nicht
aus der Ruhe bringen! Seien wir guter Dinge,
weil wir uns in Gottes Hand wissen.

Dem Himmel täglich näher

Der mich versorgenden Schwester rufe ich all-
abendlich zu: Schon wieder ein Tag dem Himmel
näher!

Pater Mayers letztes Wort

Der Herr, der Herr ...

BIOGRAPHISCHE LITERATUR
ÜBER PATER RUPERT MAYER

Franziska Boesmiller: P. Rupert Mayer S. J. Dokumente, Selbstzeugnisse und Erinnerungen. München 1946.

Anton Koerbling: Pater Rupert Mayer. Ein Priester und Bekenner unserer Tage. 13. Aufl. München 1965.

Anton Koerbling/Paul Riesterer: Pater Rupert Mayer. 2. Aufl. München 1976.

W. Suttner: Pater Rupert Mayer SJ. In: Bavaria Sancta Bd. II. Regensburg 1971.

Ernst Joseph Görlich: Pater Rupert Mayer. Münchens Männerapostel. Aschaffenburg 1972.

Josef Mühlbauer: Und ich werde niemals schweigen. Pater Rupert Mayer, der Apostel von München. Much 1975.

Paolo Molinari: Der Apostel von München. In: L'Osservatore Romano (deutsche Ausgabe). Rom 2. April 1976.

Franziska Boesmiller: Pater Rupert Mayer SJ. Ein Freund Gottes und Freund der Menschen. Neubearb. Aufl. München 1976.

Otto Gritschneder: Pater Rupert Mayer vor dem Sondergericht. Dokumente der Verhandlung vor dem Sondergericht in München am 22. und 23. Juli 1937. München und Salzburg 1965.

Otto Gritschneder: Die Akten des Sondergerichts über Pater Rupert Mayer S. J. In: Beiträge zur altbayerischen Kirchengeschichte 28. München 1974.

K. Morgenschweis: Strafgefangener Nr. 9469 Pater Rupert Mayer S. J. Erinnerungen an seine Strafhaft im Strafgefängnis Landsberg/Lech. München 1968.

Ludwig Volk: Pater Rupert Mayer vor der NS-Justiz. In: Stimmen der Zeit, Freiburg, Heft 1, Januar 1976.

131

INHALT